KB143005

Gran Chaco, Argentina Photo by Martin Katz ©Greenpeace

기후 시계 웹사이트(climateclock.world)에 접속하면 우리에게 남은 시한(deadline)과 재생에너지 전환 정도(lifeline)를 알려주는 지표를 실시간으로 확인할 수 있다.

PHOTOGRAPHER. MARTIN KATZ

PHOTOGRAPHER. 마르틴 카트스 Martin Katz

2005년부터 그린피스 아르헨티나의 포토 에디터로 일하며 남미 지역에서 벌어지고 있는 환경문제의 다양한
모습을 사진으로 담아 널리 알리고 있다. 사진 속 숲인 아르헨티나 그란차코 Gran Chaco는 지구상에서
가장 빠른 속도로 삼림 벌목이 진행되고 있는 곳이다. 매달 133스퀘어마일의 숲이 사라지고 있다. 여의도 4개
크기의 숲이 매일 사라지는 셈이다. 그렇게 사라진 숲이 벌써 대한민국 전체 면적의 절반. 세계에서 아마존
다음으로 큰 열대림의 반의 반이 이미 사라졌다. 허옇게 벌거벗은 벌판에 덩그러니 서 있는 나무 한 그루.
이런 방식의 생활을 언제까지 지속할 수 있을까?

@martinkatz.photo

1.5°C

ISSUE°
**ELECTRIC
SHOCK!**

ELECTRIC SHOCK! ELECTRIC SHOCK! ELEC

1.5°C

1.5°C

1.5°C

1.5°C

1.5°C

1.5°C

1.5°C

DEAR, READER

안녕하세요. 뜨거워진 지구를 식혀주는 시원한 매거진 〈1.5°C〉를 준비한
소울에너지 대표 안지영입니다. 저는 에너지 산업과 관련 기술에 대한 관심을
가지고 태양광발전소를 개발 및 운영하는 신재생에너지 사업에 10년 넘게
몸담아왔습니다. "Make the Future for All"이라는 슬로건 아래 사람과 환경이
공존하고, 모두의 일상이 보다 더 행복해질 수 있는 세상을 만들기 위해 노력하고
있습니다.

처음 에너지 사업을 시작한 10여 년 전에는 지구온난화나 탄소에 관한 뉴스가
대중들 사이에서 크게 거론되지 않았습니다. 하지만 지금은 어떤가요? 급격한
기후변화로 인한 폭염과 폭설, 대홍수 등의 소식이 거의 매 순간 세계 곳곳에서
전해지곤 합니다.

현재 기후변화와 환경문제는 우리 모두의 생존을 위협하는 아주 급박한
사안입니다. 이에 대응해 정부는 탄소 중립을 선언하고, 기업은 ESG 경영을
기업의 중심 가치로 삼기 시작했습니다. 머지않은 미래에 우리는 더 이상 도로에서
휘발유 차량이나 디젤 차량을 볼 수 없을 것입니다. 그동안 전기 생산을 위해
필수라 여긴 석탄 화력발전소는 탄소 배출의 주범으로 밝혀져 신재생에너지
발전소로 빠르게 대체되고 있습니다. 기후와 환경문제는 원하든 원치 않든 모든
사람이 고민하고 함께 돌파구를 찾아 나서야 하는 범지구적 과제가 되었습니다.

이와 같은 문제의식에 공감한 소울에너지는 에너지 기업으로서 본질적 목표와
사회적 소명을 다하고, 많은 이의 관심과 실천을 독려하고자 〈1.5°C〉를 출간하게
되었습니다. 〈1.5°C〉 매거진은 단지 기후 환경 이슈를 알리는 데 그치지 않고,
지구를 살리고자 노력하는 사람들을 위한 커뮤니티 역할을 하려 합니다. 그동안
몰랐거나 알고도 외면해온 지구의 고통을 함께 고민하려 합니다. 그러한 작은
관심과 노력이 모여 우리의 지구를 살 만한 곳으로 회복시켜가기를 희망해봅니다.
건강한 지구를 만들기 위해 함께 노력하는 이야기를 공유하고, 응원하고,
동참하는 장으로 만들어가겠습니다. 우리의 작은 실천들이 모여 인류의
마지노선 '1.5°C'를 지켜낼 거라 기대합니다. 〈1.5°C〉 'Green Challenge'에
동참해주세요!

〈1.5°C〉 발행인 겸 소울에너지 CEO 안지영

THE CLIMA
NOT A DIST

1.5℃

TE CRISIS IS

ANT FUTURE

66

1.5℃ 매거진이 첫인사를 건넵니다

99

SPECIAL LETTER

절멸을 가리키는
어두운 전망에도
냉소하거나
포기하지 않는 힘.
사회 곳곳에서
활약하는 6인이
특별한 편지를
보내왔다.

불타오르는 지구는
우리 모두를 향한 경고다

초대 국립기상과학원장,
대기과학자
조천호

인류 역사는 쉼 없는 역동성으로 발전해왔다. 하지만 그 발전은 변하지 않고 지속해온 자연조건에 의해 이루어졌는데, 바로 1만2000년 전에 시작된 지질시대인 홀로세의 안정된 기후 조건이다. 홀로세는 오늘날 세계 인구 80억 명을 먹여 살리고, 현대사회를 지탱할 수 있는 유일한 기후 조건이다. 이 기후 조건을 지켜내려면 지구 평균기온 상승이 1.5°C를 넘지 말아야 한다.

체온이 우리 몸 상태를 나타내는 것처럼 기온으로 지구 상태를 표시할 수 있다. 체온이 정상보다 1°C가 높으면 몸의 이상 상태를 감지하게 된다. 화석연료 사용으로 지구의 평균기온이 1.1°C 상승했다. 오늘날 나타나는 극단적인 날씨에는 순수한 자연 요인만 있는 게 아니라 이미 인간의 흔적이 담겨 있다.

인간에 의한 기온 상승이 지구에 미치는 영향은 당뇨병이 우리 몸에 미치는 영향과 비슷하다. 당뇨병으로 혈당을 조절할 수 없게 되면 심장 질환, 뇌졸중, 신부전, 실명 같은 수많은 합병증이 발생한다. 지구 가열로 온도 조절 시스템이 망가지면 기후가 변덕스럽고 가혹한 상태가 될 뿐 아니라 해수면 상승, 해양 산성화, 물 부족, 식량 생산 감소, 생물 다양성 파괴, 감염병 확산 등이 급격하게 늘어난다.

기후 위기는 점진적으로 다가오는 것이 아니라 급변적으로 나타난다. 젖은 길에서 차를 몰고 가는데 도로 표면 온도가 영상 1°C에서 영하 1°C로 변하면 약간 미끄럽던 길이 순식간에 치명적으로 바뀐다. 이처럼 어느 순간, 전체 균형이 깨지는 상태가 되는 시점을 티핑 포인트 Tipping Point라고 한다. 티핑 포인트는 돌이킬 수 없는 순간, 즉 '회복 불가능한 위험'을 의미하기도 한다.

2018년 IPCC(기후변화에 관한 정부 간 협의체)의 '1.5°C 지구온난화' 특별 보고서에 따르면 기온 1~2°C 상승에서도 티핑 포인트가 일어날 가능성이 있다고 했다. 이미 100년에 한 번 발생할 수 있는 역대급 재해성 날씨가 거의 매년 발생하고 있다. 우리가 알고 있는 기후에서 벗어나 '회복 불가능한 위험'을 향해 달려가고 있는 것이다.

기후 위기가 닥치면 자연만을 통제할 수 없는 게 아니다. 사회 불안정, 정치 갈등, 국경 분쟁, 난민 발생, 인종 청소 등 파괴적 충돌이 자주 그리고 크게 일어날 것이다. 그렇게 되면 정치, 경제, 사회도 급속하고 심각한 변화와 불확실성에 내몰려 통제할 수 없는 상태가 되고 만다. 인류는 기후에 큰 영향을 줄 수 있지만, 기후를 통제할 수는 없다. '통제 불가능한 위험'에 빠지는 것이다.

인류는 전쟁, 자연 재난, 감염병, 금융 위기 등 수많은 위험을 겪었다. 하지만 그 위험은 끝이 있었고, 결국 거기에서 회복되었다. 시행착오를 겪기는 했지만, 그 과정에서 좀 더 나은 세상을 만들기도 했다. 기후 위기는 여러 위기 중 하나가 아니라 그런 모든 위기를 압도하는 통제 불가능하고 회복 불가능한 위기다. 기후 위기가 본격적으로 일어나면 시행착오를 겪으면서 배우고 극복할 수 있는 시간이 없다.

기후 위기는 단지 미래의 문제가 아니다. 지금 바로 불타오르는 지구는 우리 모두를 향한 경고다. 기후 위기가 먼 훗날 일어나는 일이 아니라 바로 우리와 우리 아이들에게 직접 일어나는 것이다. 온실가스 배출량이 지금 수준을 유지한다면 기온 상승이 2030년대에는 1.5°C를 넘고, 2050년대에는 2°C를 넘게 된다.

문명은 우리가 물려받은 기후에 맞춰 발상·발전했지, 우리가 일으키는 기후 위기에 대처하도록 설계되지 않았다. 우리는 에너지 시스템을 완전히 바꿔야 할 상황에 직면해 있다. 기온 상승을 1.5°C 이내로 막으려면 향후 10년 안에 온실가스 배출을 절반 이상 줄여야 하며, 2050년까지 탄소 중립에 도달해야 한다. 2050년에는 전 세계 전력의 70~85%를 재생 가능 에너지로 공급해야 한다.

기후 위기는 과학에 의해 밝혀졌지만, 실제로는 우리가 어떤 세상에서 살고 싶은지, 어떤 미래를 만들고 싶은지에 대한 것이다. 우리는 지금 갈림길에 서 있다. 이제 미래 기후는 자연이 결정하는 것이 아니라 인간이 어떤 세상을 만드느냐에 달려 있다. 이 미래 기후가 세상의 지속 가능성을 결정할 것이다. 우리에게는 아직 세상을 바꿀 수 있는 능력과 시간이 있다. 선택은 우리 것이며, 그 기준이 지구 가열 1.5°C이다.

정부는 국가 비상사태를
선포했습니다

그린피스 기후 에너지 캠페이너
정상훈

9년 뒤 오늘 뉴스를 미리 본다. "우리나라에서만 무려 330만 명이 전례 없는 홍수 피해를 입었습니다. 정부는 국가 비상사태를 선포했습니다." 2030년 기후 재앙으로 전 세계가 혼란에 휩싸이고 한국에서 전례 없는 대홍수가 발생한다? 이 미래 뉴스는 영화 속에서만 일어나는 일이 결코 아니다. 미국의 기후변화 분석 기관인 '클라이밋 센트럴 Climate Central'은 지금처럼 기후 위기를 방치하면 이 같은 상황이 실제로 벌어질 수 있다고 전망했다.

우리는 왜 기후 위기를 겪어야 하고, 과연 해결책은 없을까? 과학자들은 화석 연료를 기반으로 한 산업 활동에서 발생하는 온실가스가 기후 위기를 초래하는 요인이라고 지적한다. 가장 큰 문제 중 하나는 석탄 발전소다. 한국의 경우 전체 온실가스 중 석탄 발전소에서 배출하는 온실가스가 약 35%를 차지한다.

이미 전 세계는 석탄 발전소를 시급하게 퇴출하고 재생에너지 발전으로 전환하려 노력하고 있다. 국제에너지기구는 기후 위기를 막기 위해 2030년까지 선진국의 석탄 화력 발전소를 전면 폐기하고 새로 짓는 태양광발전과 풍력발전 시설을 2020년 대비 4배 이상 늘려야 한다고 밝혔다.

하지만 한국의 속도는 너무나 느리다. OECD 통계를 보면 우리나라의 재생에너지 발전 비중은 OECD 회원국 가운데 꼴찌 수준이다. 그런데도 정부는 퇴출 1순위인 석탄 발전소를 계속 짓고 있다. 미국이 2035년까지 전력 생산에서 석탄 발전 및 가스 발전 등이 전혀 없는 탈탄소를 이루겠다고 밝힌 것과 대조된다. 유럽 국가들이 석탄 발전소 퇴출 시점을 2030년 이전으로 앞당기고 있는 것과도 어긋난다.

전 세계는 기후 위기에 대응하기 위해 탈탄소 경제로 전환하고 있다. 우리도 석탄 발전을 퇴출하고 재생에너지 비중을 야심 차게 늘리는 에너지 대전환이 필요하다. 이를 위해 언론은 일반 시민과 대권 주자 등에게 기후 위기에 대해 제대로 알리고, 기후 행동을 촉구해야 한다. 기후 위기는 의식 있는 일부 개인의 작은 실천만으로 대응할 수 있는 문제가 결코 아니다. 환경 교육을 받은 어린 학생들이 성장해서 나중에 대응할 수 있는 문제도 아니다. 지금 당장 다 함께 나서야 한다! 우리의 현재와 미래를 위해 〈1.5°C〉가 기후 메신저로서 그 역할을 다하기를 기대한다.

환경을 망치는 건 사람이지만 그 피해는 이 별 전체의 생명들이 오롯이 감당해야 한다

환경과 동물 복지를 다루는
<오보이!> 편집장
김현성

　문득 하늘이 예쁜 날이 많아졌다는 생각이 들었다면 그건 결코 좋은 일만은 아니라는 생각 역시 필요하다. SNS에는 일본 애니메이션에나 나올 법한 뭉게구름이나 드라마틱한 노을 사진이 많이 올라오고 있지만, 동남아 여행에서나 보던 그런 멋진 하늘을 자주 볼 수 있는 건 어떤 변화의 현상과 그에 따른 결과라는 사실을 인식해야 한다. 하늘이 파랗고 맑아 시내에서 북한산까지 선명하게 보이던 기억은 이미 수십 년 전의 것이었지만, 다시 맑은 하늘과 뭉게구름 그리고 영화같이 붉은 노을을 종종 목격하는 한국의 전 지역에서 망고나 바나나 같은 열대 과일을 재배할 날도 머지않았다.

　뚜렷한 사계절이 있는 걸 자랑스럽게 여기던 우리나라의 봄과 가을은 점점 그 존재감이 약해지고 있다. 이제 날씨는 아주 덥거나 반대로 극심하게 추울 뿐이다. 땀이 나서 매일 세탁해야 하는 여름 반팔이나 몸이 둔한 겨울옷보다는 적당히 가벼운 봄가을 옷을 좋아한다고 해도 이제 그 대부분은 옷장 깊숙이 처박힐 운명이다. 사람은 물론 길고양이와 유기견들에게 덥거나 춥기만 한 날씨는 치명적으로 작용할 수 있다. 환경을 망치는 건 사람이지만 그 피해는 이 별 전체의 생명들이 오롯이 감당해야 한다.

　오늘도 점심 식사를 하고 사무실로 들어오는 무수히 많은 사람의 손에는 하나같이 일회용 컵이 들려 있다. 공장식 축산의 폐해는 너무도 치명적이지만, 채식을 얘기하는 상대적으로 소수인 사람들은 그저 조롱거리로 소비되기 마련이다. 인류가 생산해내는 쓰레기가 온 지구를 덮고 있지만, 물질과 소유에 대한 인류의 욕구는 날로 커져만 간다. 그러면서도 사람들은 이 모든 문제는 공급자의 탓이고 생산자의 책임이라고 스스로를 합리화하며, 미국이나 중국 같은 거대 국가가 만들어내는 엄청난 양의 쓰레기와 오염 물질에 비하면 개인의 실천과 영향은 지극히 미미한 거라고 자위한다.

충격적인 지구의 내일과 환경문제에 대해 자각하고 사람들에게 얘기해온 지 15년이 흘렀다. 그동안 상황은 굉장히 심각해졌다. 아주 긍정적으로 평가해도 사람들이 문제를 인식하고 개선해나가는 속도보다 무분별한 소비와 과도한 육식, 환경 파괴로 상황이 악화되는 속도가 훨씬 빠른 게 현실이다. 솔직히 말하자면 나는 먼 훗날 우리에게 닥칠지도 모르는, 어쩌면 우리를 힘들게 할지도 모르는, 실체가 불확실한, 그러나 그 예측과 스토리가 꽤 그럴듯하고 드라마틱해서 사람들이 흥미를 느끼고 잘 수긍할 수 있는 먼 미래의 얘기를 어설프게 떠들고 있었는지도 모른다. 하지만 환경문제는 더 이상 먼 훗날이나 다른 나라들의 막연하고 실체가 불확실한 문제가 아니다. 기후 위기는 우리의 숨통을 상당히 본격적으로 조여오는 생존의 문제로 턱밑까지 닥쳐와 있다.

이런 와중에 〈1.5°C〉 매거진의 등장은 필연적이다. 모두가 기후 위기와 지구온난화에 대해서 얘기하고 있는 듯 보이지만 아직 실감하지 못하거나 인식 자체를 못하는 사람들의 수가 압도적으로 많은 게 사실이다. 아직 인류는 무분별한 개발과 자원 낭비, 각종 분쟁과 전쟁, 국가 간의 다양한 갈등 속에 진짜 심각한 문제가 무엇인지 인식하지 못하고 있다. 수많은 매체가 등장하고 사라짐을 반복하는 한국 잡지 시장에서 단단하게 살아남아 지구가 병들어가는 속도를 조금이라도 늦추는 데 기여하는 잡지가 되기를 진심으로 바란다.

이젠 이미 너무 늦었다고 말하는 사람이 많아지고 있다. 어쩌면 그건 사실인지도 모른다. 지구는 인간이라는 어리석고 탐욕스러운 단 하나의 종으로 인해 미처 회복하지 못하고 스러져갈지도 모른다. 그렇다고 해서 차라리 <매트릭스>의 네오처럼 빨간 약 대신 파란 약을 먹고 존재하지도 않는 가상공간에서 진실을 알지 못한 채, 완벽한 세상이라 착각하면서 살 수 있는 선택의 옵션이 우리에게 존재하는 것도 아니지 않은가.

지구는 우리의 무분별한 소비를 경고하며 가혹한 피드백을 준비하고 있다

R&B 뮤지션,
대표곡 '바라봐줘요', 'boat' 등
죠지

자기 전에 넷플릭스를 보는 습관이 있다. 영화, 그 안에서도 <가타카> 같은 SF 장르를 선호한다. 다 본 후에 자려고 누우면 이런 생각이 든다. '미래에는 어떻게 될까?' 어쩌면 현실과 가상의 경계가 무너지는 미래가 오지는 않을까? 그 미래가 어떤 모습일지는 모르지만 <매트릭스> 같은 디스토피아는 아니길 바랄 뿐이다.

지금 내가 누리고 있는 현재는 과거 어느 누군가 꿈꾸던 미래일 것이다. 지금 나는 한여름 시원한 바람 아래서 컴퓨터로 영화를 보고, 친구들과 이야기를 나누고, 각자의 집에서 업무를 보고, 서울에서 부산까지 2시간이면 도착하는 KTX를 손쉽게 예매한다. 과거의 어느 누군가에겐 상상만 하던, 혹은 상상도 못 하던 것들 속에서 우리는 살고 있다. 그런 편리함 뒤에 숨은 의미는 무엇일까? 그건 기후 위기에 대한 이야기로 이어진다.

사실 나 역시 1.5°C의 정확한 의미에 대해서 알지 못했다. 하지만 지구에 나타난 이상 징후들은 주변에서 쉽게 접할 수 있었다. 하다못해 유튜브만 봐도 기온이 올라 빙하가 녹고, 해수면이 상승하면 벌어질 일들이 한눈에 보인다. 그런 뉴스를 접하고 나면 평온하던 나의 일상이 무너질까 걱정되고 신경이 쓰인다.

지구는 은행과도 같다. 괜찮을 거라는 믿음으로 막연히 돈(자원)을 빌리지만, 미래를 생각하지 않고 무분별하게 빌린 것에는 꼭 대가가 따른다. IMF 외환 위기가 닥칠지 누가 알았을까? 지구는 우리의 무분별한 소비를 경고하며 가혹한 피드백을 준비하고 있다. 상환 날짜가 점점 다가오고 있다.

나는 요즘 내가 사는 물건이 환경에 어떤 영향을 끼치는지, 그 기업이 환경을 생각하는지 알아보려 한다. 개인이 할 수 있는 것은 이토록 아주 미미한 일뿐일지도 모른다. 하지만 모두가 힘을 합치면 작은 것이 모여 분명한 변화를 만들어낼 수 있다고 믿는다.

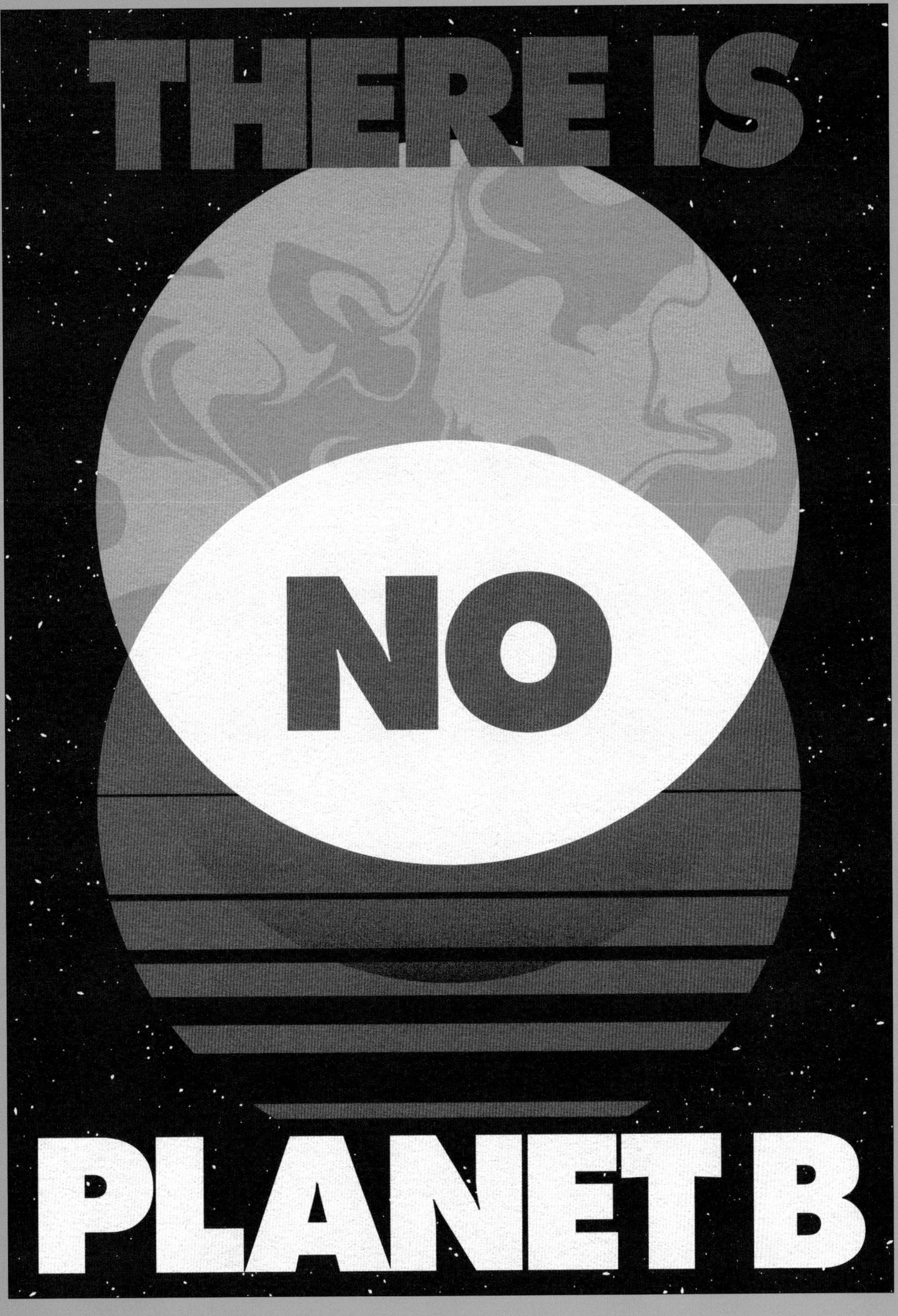
THERE IS
NO
PLANET B

당장 무결한 개인이 될 수는 없지만, 그래도 '덜' 훼손하려는 노력을 한다

포토그래퍼,
《다정한 세계가 있는 것처럼》 저자
황예지

사람이 많이 모인 자리에 촬영 아르바이트를 하러 가는 일이 종종 있다. 눈부신 결혼식일 때도 있고 누군가의 열띤 강연일 때도 있다. 처음 보는 이들과 어울리는 재주가 없는 사람인지라 카메라를 들고 있는 것이 다행이라고 생각하는 순간이 잦다. 카메라는 나를 적당히 숨겨주는 역할을 한다. 내 얼굴을 가려주고 내가 알맞은 자리, 거리를 선택할 수 있게끔 돕는다. 나는 몇 발짝 떨어져 망원렌즈로 바짝 당겨서 인물을 담는 것을 제일 선호한다. 요즘은 그것보다 조금 더 멀어졌을지도 모른다.

하루는 음식·식생활과 관련한 워크숍 촬영이 잡혔다. 나는 강의실을 어슬렁거렸고 사람들은 본인의 식생활을 되돌아보고 성찰하는 발표를 이어갔다. 강연을 진행하시는 분은 나를 콕 집어서 한번 얘기해보면 어떻겠냐고 물으셨다. 카메라 뒤로 내가 도저히 숨겨지지 않는 순간이었다. 실토하는 것밖에는 답이 없는 것 같아 우리 집 냉장고는 박물관과 유사한 것 같다고 얘기했다. 명예롭다는 것이 아니라 언제 샀는지 알 수 없는 채소들이 화석이 되어간다고, 생물이 살아갈 수 없는 환경을 조성하고 있다고 말했다. 그분은 내 표현이 좋다고 칭찬을 남겼지만, 나는 부끄러움이 오래 남았다. 사람은 죽으면 분해되어 미생물이 되는데, 자신이 자연에 어떤 영향을 끼치는 미생물이 될 것인지에 대해 생각해보면 좋겠다는 내용으로 강연이 끝났다.

냉장고의 처참함에 대해, 내가 자연에 끼치는 영향력에 대해 진지하게 생각해본 일이 없었다. 편리함을 두고 애써 돌고 돌아가는 사람들에게 수고롭다는 평을 남기며 지내곤 했다. 나는 어딘가에 숨어 세상이 망가지는 것을 방관해왔다. 주변에 하나둘 죽는 사람이 생기고, 여러 모양새의 비극이 가까워오자 세상의 모든 것이 계승되고 순환된다는 사실을 깨달았다. 나 자신이 누군가가 누려야 할 자원을 심각하게 훼손하고 있다는 사실도. 주변을 돌아보니 이미 이 세상이 인간성과 자연을 잃는 속도는 쉽게 제어할 수 없을 정도로 빨랐다. 뒤늦게 생긴 경각심으로 나는 느리게 변화하고 있다. 관성이 있어 지금 당장 무결한 개인이 될 수는 없지만, 그래도 '덜' 훼손하려는 노력을 한다. 대중교통을 타는 것, 고기 없는 밥상을 점점 더 늘리는 것, 채식 레시피를 공부해 공유하는 것, 새 옷이 아닌 헌 옷을 입는 것, 좋은 마음을 전하는 것 같은⋯. 아직은 미미한 실천들이다.

이미지 생태계가 어느 때보다 불안정하지만, 나는 사진이 시간을 제어할 힘이 있다고 생각한다. 과거로 회귀하는 힘 같은 게 어느 어두운 날 발현될 것이라고 믿는다. 이 역할을 한 개인 역시 할 수 있을 것이라 믿는다. 우리가 계속해서 가치를 입에서 입으로 전하며 얘기한다면, 작은 실천을 함께 한다면 이 미친 속도 안에서 시간을 제어할 수 있지 않을까. 그 맥락에서 〈1.5°C〉 매거진의 창간이 참 반갑고, 혼란의 시대에서 이 잡지가 잘 버티며 모두의 실천을 독려해주었으면 좋겠다. 그 어느 때보다도 믿음이 필요한 시절이다.

ILLUSTRATION CREDITS

022-023P 'VICIOUS CIRCLE'
024P 'ELECTRIC SHOCK'
029P 'THERE IS NO PLANET B'
032-033P 'TWO OPTIONS'
034P 'BE KIND TO OUR PLANET'

ILLUSTRATOR. Dohee Kwon
작가 권도희는 태국과 한국을 오가며 활동하는 일러스트레이터다.
마음 공부를 하며 일상에서 찾아낸 깨달음을 강렬하고 선명한 색감으로 풀어낸다.
@kimchisuperpower

이런 마음으로
그림을 그렸습니다

일러스트레이터
권도희

기후 위기 대응 매거진에서 작업을 의뢰받았을 때 기분이 어땠나요? 어렵고 곤란할 수 있는 주제잖아요.
일단 새로 창간하는 잡지의 첫 일러스트레이션을 맡게 되어 기뻤어요. 더욱이 기후 위기 문제를 오랫동안 관심 가지고 지켜봐왔거든요. 작업 의뢰가 왔을 때는 '아, 올 게 왔구나' 싶었죠. 그 주제로 목소리를 내보고 싶었거든요. 기회라고 생각했어요. 이건 내가 잘할 수 있겠다는 자신감도 들었고요.

떠오르는 장면이 있었나요?
작년 여름의 기나긴 장마요. 머리로 생각만 하고 있던 기후 위기가 직접 피부로 스며든 때였거든요. 금방 지나갈 것 같던 코로나19 사태가 계속되면서 마스크를 끼고 보낸 첫 여름이기도 했고요. 뭔가 매우 잘못되었고, 이미 심상치 않은 문제가 일어났구나 싶었어요.

올여름엔 전 세계가 기상이변으로 난리예요. 이런 시기에 기후 위기라는 긴박하고 위협적인 메시지를 멋있게 표현해야 하는 역할을 맡았어요. 작업 과정이 궁금해요.
한국에서 <1.5°C>와의 미팅을 마치고 태국으로 들어왔어요. 방역 수칙에 따라 2주의 격리 기간을 거쳤고, 그동안 작업을 진행했어요. 호텔에서 휴가를 보내듯 작업할 생각에 자신만만했는데, 쉽지 않더라고요. 마침 우기라 하늘은 늘 우중충하고 비가 매일 쏟아졌어요. 격리 기간 동안 모든 식사는 호텔에서 주는 도시락을 받아서 해결했어요. 잘빠진 일회용기에 밥이 담겨 오는데, 사과 한 알까지 플라스틱 통에 들어가 있더라고요. 저는 방에 머물면서 하루에 하나씩 먹다 남은 음식과 플라스틱이 뒤섞인 커다란 쓰레기 봉투를 하나씩 만들어냈어요. 태국은 분리수거를 하지 않고 쓰레기를 그대로 섞어서 버리거든요. 세계 여기저기서 집에 갇힌 사람들이 실시간으로 쓰레기를 쏟아내는 상상을 해봤어요. 인간은 계속해서 쓰레기를 만들고, 이대로 지구는 죽어가고 있는 것만 같았어요. 자연은 우리 바깥에 존재하는 다른 것이라 생각하기 쉽지만, 사실 우리 자체가 자연의 일부거든요. 결국 죽어가는 것은 우리가 아닐까 울적한 기분도 들었죠.

그런 마음이 들었군요. 작품은 기분과 다르게 희망적 메시지를 담고 있어요. 중심을 잡는 일이 어려웠겠어요.

제가 지금 지내고 있는 태국의 치앙다오는 제 영적 여정을 시작한 곳이에요. 그동안 '마음 챙김' 공부를 꾸준히 해왔어요. 고통은 피하거나 끌어안고 당하는 것이 아니라, 받아들이고 다음 단계로 나아가는 것이라 배웠어요. 위기는 늘 존재하고 누구에게나 닥쳐오는 것이니 이를 대하는 나의 태도만 달라지면 해결할 수 있을 거라 생각했어요. 혼란스러운 상황이었지만 그렇게 중심을 잡으려 노력한 것 같아요.

이번 작품에서 독자들이 알아차렸으면 하는 디테일이 있나요?

'Two Options'는 자연에 대한 사랑을 실천하지 않은 경우와 실천한 경우의 대비를 보여주는 작업인데요, 그리면서 보니 두 가지 상황이 하나의 흐름처럼 느껴졌어요. 왼쪽 페이지에서는 아파하는 지구를 인간이 뒤늦게 체감해요. 상처받은 자연과 깊은 공감을 하고서야 오른쪽 페이지로 넘어갈 수 있어요. 보살핌과 사랑의 단계로 성장하는 것이죠.

당신의 미래를 위한 이름은 무엇입니까?

ESSAY

기후 위기 시대에 대한
여러 가지 어두운 전망이
나오지만, 내가 가장
두려워하는 것은 인간성의
변화다. 미래라는 단어를
말할 때 우리는 우리가
어떤 인간이 되어서
살 것이라고 생각하는 걸까?

WRITER. Hyeyun Jeong
작가 정혜윤은 마술적 저널리즘을 꿈꾸는 라디오 PD다.
다큐멘터리 <자살률의 비밀>로 한국PD대상 라디오부문 작품상을 수상했다.
저서로는 《앞으로 올 사랑》과 《아무튼, 메모》 등이 있다.

'제대로 자리 잡다', 이것은 '기쁨' 항목에 속하는 말이다.

나는 지난가을 야심 차게 새 라디오 시사 프로그램을 시작했다. 그러나 프로그램은 혼란스럽게 표류하기만 했다. 프로그램이 자리를 잡지 못하고 출렁이자 나도 같이 휘청이게 됐다. 그리스신화 속 아테네 여신은 "나는 너의 격렬한 충동을 가라앉히기 위해 하늘에서 내려왔다"고 했는데 내게는 오지 않았다. 나는 갖가지 부정적 충동에 휘둘렸고 신세 한탄을 늘어놓았다. 지난 몇 달은 이런 문장으로 남게 되었다. "내가 무슨 말을 하고 있는지, 무엇을 하고 있는지 나도 모르겠다." 이것은 '슬픔' 항목에 속하는 말이다. 뭔가 대책을 찾아서 이 문장에 작별을 고하고 싶었지만 잘되지 않았다. 그때 한 서점에서 명언·명구집을 추천해달라는 메일을 받았다. 나는 명언·명구집을 따로 읽은 적이 없으므로 추천할 수가 없었다. 그러다가 문득 존재하지 않는 명언·명구집을 추천하면 어떨까 싶은 생각이 들었다. 그동안 책에서 읽은 수많은 말들은 나에게 힘을 주는 그 힘든 역할을 잘해냈다. 그 글들을 모두 모아놓은 가상의 책이 있다고 치고, 그 책을 추천하는 글을 쓰면 될 것 같았다. 나는 우선 저자 소개부터 쓰기 시작했다.

"이 명언·명구집을 쓴 사람은 '집중주의자'들이라고만 알려져 있다. 그들은 '인생을 너무 계산속으로 살지 말아야 한다. 어차피 계획대로 되는 것도 없으니 계산 대신 본질적으로 중요한 것에 충실하자'는 입장을 취하고 있었다. 그들은 소중한 것과 사소한 것을 구별하고 살면서 각자에게 가장 중요한 것을 존재의 마지막 버팀목처럼 꽉 부여잡고 스쳐 지나갈 일에 너무 집착하지 말며 내적으로 대담무쌍한 삶을 즐길 것을 권했다. 특히 어떤 일을 시작할 때 결과가 아니라 의미를 마음에 두라고도 했다. 이들은 자신을 '미니멀리스트'라고도 불렀다. 그들은 인생은 결국 미니멀리즘-모든 것은 떠나고 정말 소중한 소수의 것만 남는다-으로 변해간다고 생각했기 때문이다. 그들은 삶의 복잡함을 이겨내는 것은 단순함뿐이라고 생각했다. 이들의 한 분파로 '솔나체주의자'들도 있었다. 그들은 너무 지나친 명분을 군더더기처럼 걸치지 말고 생색도 내지 말고, 하기로 한 일을 심지 굳게 할 것을 권했다. 생색내면서 남을 괴롭힐 바엔 시작도 하지 말라는 말까지 했다. 생색반대파로는 '발꿈치파'도 있었다. 그들은 트로이전쟁의 영웅 아킬레우스가 발꿈치 때문에 죽었다는 것은 신화가 우리에게 주는 경고라고 여겼다. 그들은 우리 마음 안에는 자신만의 치명적 약점이 있고 우리 마음의 어둠이기도 한 그 약점이 마음껏 활개치도록 내버려둔다면 우리도 쓰러질 것이라고 생각했다. 그들은 마음속 어둠을, 특히 일이 잘 풀리지 않을 때의 어둠을 잘 다스리는 것을 중요한 삶의 기술로 여겼다. 그들이 명언·명구집을 남긴 이유는 명백하다. 어떤 시대든 인간이 변하지 않으면 아무것도 변하지 않는다고 생각했기 때문이다."

이 글은 이 뒤로도 상당히 길게 이어진다. 혹시 눈치챈 사람이 있을까? 사실 이 글은 내 하룻밤의 유희이면서 나에게 내가 거는 마술이기도 하다. 나는 단 하룻밤 속에 나의 꿈과 고단한 삶을 섞어보았다. 힘을 내서 해야 할 일을 포기하지 않기 위해서 '내가 살고자 하는 삶'에 하나하나 이름을 붙이면서 놀아본 것이다. 하기로 했으면 그냥 할 것이지 온갖 이유를 대면서 자기 연민에 빠지는 내가 싫었기 때문에 이런 글이 나온 것이다. 마술은 즉각 효과가 있어서 나는 다시 일어설 수 있었다. 지금은 다시 차분하게 내 일을 하는 중이다. 이 글은 유희였지만 현실 속의 나도 이름을 붙이면서 논 적이 있다. 지난해에 친구랑 '내장 리얼리즘파'를 만들었다. 일이 잘 풀리지 않으면 위산 과다로 속이 리얼하게 쓰렸으니까. 속이 쓰리더라도 웃으면서 할 일은 하려고.

어슐러 K. 르 귄의 《어스시의 마법사》에서는 '이름'의 중요성이 나온다.

마법사의 과업은 사물의 진정한 이름을 찾아내는 데 있고 그 자신의 힘도 그의 진짜 이름에서 나온다. 나에게는 이 생각이 의미심장하게 느껴졌다. "지옥으로 내려가는 것은 너무 쉽고 방향을 바꿔 지옥에서 올라오는 것은 너무 어려우므로 이름을 붙여야 한다"라는 말이 있다. 이름을 붙여서 살고자 하는 바를 명확히 하지 않으면 상황은 저절로 개선되지 않는다는 뜻이다.
(내가 글을 쓰는 이 잡지의 이름은 〈1.5°C〉다. 1.5°C 가 올라갈 때 지구에 벌어질 일을 막고자 붙인 이름이 명백하다. 이름이 곧 존재 이유다.) '내장 리얼리즘파' 를 만든 친구와 함께 이번에는 유희가 아니라 진짜로 우리가 하고자 하는 바에 이름을 붙여보았다. '이동시'

라는 이름이다. '이야기와 동물과 시'의 첫 글자를 따서 만든 이름이다. '이야기'라는 단어를 쓴 이유는 이렇다. 미래가 어떻게 될지 모른다고 하지만 우리 모두가 분명히 아는 한 가지가 있다. 우리 인류는 앞으로 어떤 일을 겪든 그 일에 대해서 이야기를 하고 있을 것이라는 점이다. 말하기, 이야기하기는 우리 영혼의 한 형태다. 새로운 세계의 창조 앞에는 늘 언어와 이야기가 있었다. 좋은 미래는 좋은 미래에 대한 이야기가 많아야 가능하다. 무언가를 말하려면 그것에 관심을 가질 수밖에 없고, 인간이 관심을 가지면 해결의 가능성 또한 배제할 수 없다. '시'라는 단어를 쓴 이유는 시는 경이로운 현실을 만드는 단어이기 때문이다. 친구와 나는 '이야기와 동물과 시'라고 붙였지만 각자가 중요하게 여기는 것에 따라 얼마든지 변주는 가능하다. '이야기와 노동과 시' '이야기와 꽃과 시' '이야기와 1.5℃와 시'. 이 이름들에 우리가 꿈에도 생각지 않은 많은 현실이 달라붙을 것이다. 왜냐하면 우리의 실존은 우리가 중요하게 여기는 단어 위에 구축되므로, 지금 인류는 코로나19라는 단어 위에 구축된 삶을 살고 있다. 그리고 인류는 기후 위기라는 단어 위에도 올라탔다. 기후 위기는 불행히도 현실이다. 이런 명백히 눈앞에 존재하는 현실을 '어떻게 되겠지!' 생각하면서 외면하거나 가짜 대안이나 미봉책을 내놓는 것이 우리 인간성에 영향을 미치지 않을 리 없다. 눈앞의 문제를 외면하면서 좋은 이야기가 나오는 경우는 없다.

기후 위기 시대에 대한 여러 가지 어두운 전망이 나오지만, 내가 가장 두려워하는 것은 인간성의 변화다. 미래라는 단어를 말할 때 우리는 우리가 어떤 인간이 되어서 살 것이라고 생각하는 걸까? 거대한 파국 앞에는 항상 그보다 먼저 인간성의 파국이 있었다. 혐오와 차별, 배제, 차가움, 잔인함, 두려움은 더욱 큰 힘을 떨칠 것이다. 징후는 지금도 부족함이 없다. 이런 세상에서는 누구도 자신의 가능성을 펼칠 수 없고 누구도 타인은 물론이고 자기 자신을 사랑하는 일마저 무사히 해낼 수 없다. 누구도 살아 있는 것처럼 살 수가 없고 위축되고 신경증적이 되고 소심해져버린다.

이 상황을 견디기 힘들 것이 예상되므로, 이 상황이 슬프므로 나는 《앞으로 올 사랑》이라는 책에서 '미래 인지 감수성'이라는 단어를 만들었다. 현실과는 다른 미래, 더 나은 미래에 대한 갈망 때문에 만든 단어다. 아직 존재하지 않는 것을 꿈꾸고 믿기 위해서 만든 단어다. 지금 우리가 사는 이곳을 앞날을 위한 의미 있는 일이 벌어지는 장소로 만들기 위해서 만든 단어이기도 하다. '미래 인지 감수성'

의 핵심은 "우리의 미래는 암울할 것이다. 우리가 이렇게 계속 살면"이다. 그러나 다시 한번 어슐러 k. 르 귄의 말을 인용하자면 "스스로를 보잘것없는 존재로 여기기 시작한다면 그 자리에서 악이 자란다".

희망이 있다면 어떤 미래가 오든 그 미래는 인간이 만들 것이라는 점이다.

좋은 일은 항상 해내야만 하는 일을 해내는 수많은 작은 손에서 나왔다. 이 시대의 해법은 어디에서도 발견할 수 없는 것이 아니라 어디에서나 발견될 수 있다. 지금 우리 삶의 형태, 거의 모든 것을 바꿔야 하기 때문이다. 우리 인간의 얼굴, 얼굴 하나가 이 위기를 돌파할 유일한 숨은 가능성이다. 우연히 태어난 존재에 불과한 우리가 미래를 여는 유일한 가능성이라니? 너무 부담스러울 것이고 믿기지도 않을 것이다. 그래서 마음의 변화가 필요하다. 우리에게는 관성의 법칙이 있어서 다른 힘이 작용하지 않는다면 그냥 살던 대로 산다. 방법은 하나뿐이다. 앞에서 말한 대로 변화 이전에 이야기가 있다. 우리에게는 어둠 속에서 함께 나눌 이야기가 필요하고, 그 이야기를 하기 위해서라도 미래를 위한 이름이 필요하다.

주제 사라마구는 《이름 없는 자들의 도시》에서 "너에게 붙은 이름은 알아도 네가 가진 이름은 알지 못한다"라는 말을 한다. 우리 안에는 아직 이름 붙은 적 없는 우리의 일부가 있다. 그것이 이름 붙길 기다린다. 언제나 우리를 살게 하는 것은 그 아직은 이름 붙은 적 없는 그것이다. 그것이 우리의 최악을 막아준다. 먼 훗날 "우리 인류가 이렇게 좋지 않은 상황에서 이렇게 멋진 결론을 이끌어내는 이야기를 만들었다니" 하며 함께 즐거워할 수 있게 되기를 바란다.

2045년 5월입니다

ART

EDITOR. Jiyeong Kim

도시로 나온 얼음인간이
2시간 만에 녹아
사라진다.
뉴욕의 타임스스퀘어가
모조리 물에 잠긴다.
나와 상관없는 누군가의
먼 미래가 아니다.
바로 우리가 겪을
현실이다.

1.
The Minimum Monument

by Nele Azevedo

최소한의 기념비
by 넬리 아제베두

THE MINIMUM MONUMENT

'최소한의 기념비' 프로젝트는 2003년 브라질 상파울루를 시작으로 쿠바 아바나, 일본 도쿄, 프랑스 파리, 독일 베를린 등 대도시의 광장에 설치한 작품으로, 얼음이 녹는 과정을 통해 기후변화의 위기를 직접적으로 전달하며 대중의 의식에 영향을 준 것으로 평가받는다. 브라질 상파울루에 거주하는 설치미술가 넬리 아제베두는 얼음 조각을 활용한 예술 작품을 통해 현대사회의 다양한 문제에 관한 역동적 질문을 던지는 작가이다.
기후 위기의 심각성에 대해 목소리를 높이는 매거진 <1.5°C> 창간에 깊은 지지를 보내며 설치미술가 넬리 아제베두가 직접 편지를 보내왔다.

광장의 사람들이
녹아 없어진다면?

PHOTO @Nele Azevedo

넬리 아제베두
NELE AZEVEDO

'최소한의 기념비' 시리즈는 '녹는 사람들'이라는 별칭으로도 널리 알려졌습니다. 얼음이
녹는 모습을 통해 사람들과 무엇을 공유하길 바랐나요?

2003년 석사 논문을 준비하던 중 공공 기념비가 힘과 대의 등을 과시하기 위해
거대하게 지어지는 데 질문을 던지고 싶었어요. 그런 거대한 기념비는 보통 사적 감정을
불러일으키지 않지요. 공적 메시지가 사적으로도 다가가려면 어떻게 해야 할까 고민하면서
기존의 기념비들이 지닌 특징을 하나씩 와해시켰어요. 먼저 크기를 아주 작게 만들었고요,
영웅의 얼굴을 넣는 대신 익명의 얼굴을 새겼어요. 또한 기념비는 영원토록 같은 모습으로
있도록 짓지만, 저는 얼음을 이용해 증발하고 사라지도록 만들었어요.

'최소한의 기념비' 시리즈를 처음 제작했을 때는 기후 위기와 직접 연관을 짓지 않은 것으로
알고 있습니다.

처음에는 익명의 독립적인 활동에 가까웠어요. 게릴라처럼 도시 한쪽에 몇몇 얼음 인간을
놓아두었죠. 그러다가 2005년 4월 7일 상파울루 외부에 전격적으로 작품을 설치했어요.
벌써 16년 전 일이네요. 2009년 9월 베를린 겐다르멘마르크트 Gendarmenmarkt에서
퍼포먼스를 한 이후에는 지구온난화의 위험을 알리는 상징으로 알려졌고, 관람객에게
강렬한 경험을 남기며 기후 위기에 대한 관심을 촉구했죠.

베를린 설치 작품은 당시 세계자연기금 WWF이 내놓은 지구온난화 보고서와 맞물려
세계적으로 다양한 반응을 이끌어냈습니다. 광장에서 관람객의 반응을 지켜보니
어떠했나요?

'최소한의 기념비' 작품 이미지는 독일 주요 신문을 비롯해 전 세계적으로 250여 개
매체에서 보도됐습니다. 대중의 반응은 아주 강렬했어요. 현장에 있던 사람이나 지나가던
행인 모두 자신의 손으로 직접 얼음 조각들을 만져볼 수밖에 없었죠. 단순한 관찰자가
아니라 실제로 이 기념비를 짓는 주체로 초대된 것입니다. 이러한 자발적 참여 덕분에
작품이 내포한 의미를 다양한 층위에서 이해할 수 있었다고 생각해요. 그래서 '역사적
사건을 기억하는 방식에 대한 질문'이라는 원래의 의미에 '지구온난화 및 기후 위기로
촉발된 위협'이라는 새로운 의미까지 확장할 수 있었습니다.

**기후 위기는 무척 심각한 상황이지만, 대중의 무관심을 깨뜨리기가 참 어렵습니다.
'최소한의 기념비'는 어떻게 대중의 관심을 이끌어낼 수 있었나요?**

전 세계적으로 24개 도시에서 '최소한의 기념비'를 설치한 경험에 근거해 확실히 말씀드릴
수 있는 게 있어요. '녹는다'는 직접적이고 감각적인 경험이 대중에게 깊이 각인되어
내적 변화를 만들어냈다는 점이에요. '최소한의 기념비'를 설치할 때는 그것이 놓일
장소의 의미와 맥락도 깊게 고민합니다. 그래야 '녹는다'는 경험에 총체적 맥락을 부여할
수 있거든요. 또한 시시각각 변하면서 결코 반복될 수 없다는 작품의 특징도 언급하고
싶어요. 조금씩 녹아내리며 쉼 없이 형상이 바뀌는 얼음 사람들을 바라보면서 관객은 계속
새로운 의미를 연상하고 불러들입니다. 이렇게 작품에 참여하고 행동해본 기억을 품고
다시 일상으로 돌아가면 자신의 삶과 주변의 관계들을 다른 눈으로 바라보게 될 거라고
생각합니다.

기후 위기라는 절체절명의 위기에서 우리가 배워야 할 점은 무엇인가요?

저는 환경 이슈는 윤리적 문제라고 생각해요. 지구, 물, 불, 공기, 동물, 식물과 인간은 모두
연결되어 있어요. 우리는 서로에게 배워야 하고, 살아 있는 존재에 위계를 만들지 말아야
합니다. 하지만 인간이 지구 위 어떤 존재보다 우월하다는 인식이 현대 문명 안에 뿌리 깊게
자리하고 있죠. 기후변화가 촉발한 위험이 드디어 우리 인류에게 '제자리'를 알려주었다고
생각해요. 다른 모든 생명과 더불어 살아가야 한다는 자각을 하게 해주었지요. 우리의
운명은 지구의 운명과 꼼짝없이 얽혀 있을 수밖에 없어요. 우리는 자연의 왕이 아니라 그저
자연의 일부일 뿐이죠. 기후 위기는 살아 있는 모든 존재 간의 상호 의존성을 드러냅니다.
모두가 한배를 탄 사이이고, 당면한 시급한 문제는 모두의 문제죠. 또한 기후 위기는 인류가
지금껏 채택해온 여러 정치적·경제적 패러다임을 전면적으로 검토해서 완전히 새로운
모델로 변화하도록 촉구하고 있습니다.

브라질에서 코로나19 사태를 겪으면서 얻은 깨달음도 있을 것 같아요.

현재 브라질은 다양한 코로나19 변이 바이러스로 고통받고 있어요. 정부가 백신을 제대로
수급하지 못해 벌써 50만 명이 사망했고, 올 연말까지 사망자가 100만 명에 이를 것으로
보고 있습니다. 대량 학살이나 마찬가지예요. 지구의 허파로 여기는 아마존 우림의 파괴
속도 역시 무섭습니다. 회복 불가능한 상태가 되기까지 고작 10년을 남겨두고 있는데, 파괴
속도는 불법적 채굴과 농업으로 더욱 가속화하고 있어요. 저는 문명화 과정에서 인류가
커다란 변이를 맞이하는 시점에 와 있다고 생각해요. 살아 있는 존재들을 서열화하거나
위계를 만들지 않으면서 공존할 수 있는 방법을 빠르게 찾아내야 합니다. 특히 브라질은
정치 현실의 벽을 넘어서 더 멀리 나아가야 한다고 생각합니다.

2.
Unmoored
by Mel Chin

떠다니는
by 멜 친

UNMOORED

당신이 2100년 뉴욕 타임스스퀘어에서 보게 될 풍경. 지금 대체 뭘 보고 있는지 모르겠다고? 당신은 지금 물 아래 잠긴 채로 바다 위에 떠 있는 보트들의 바닥을 올려다보고 있다. 당신의 귀 옆으로는 초록색 플랑크톤이 둥둥 떠다닌다.

세계에서 가장 많은 사람이 지나는 뉴욕의 타임스스퀘어. 기후과학자들의 예측에 따르면 뉴욕 도심은 2100년까지 8m 물 아래로 잠긴다. 예술가 멜 친은 증강현실과 디지털 기기를 적극적으로 활용해 앞으로 닥쳐올, 그러나 당장은 뚜렷하게 그려지지 않아 자꾸만 뒷전으로 밀려나고 마는 지구의 무시무시한 경고를 지금 당신의 눈앞에 생생하게 전시한다.

관람객은 앱을 다운로드받아 스마트폰 카메라를 하늘을 향해 비추거나, AR 헤드셋을 착용하고 주변을 관찰함으로써 지금 발 딛고 있는 현실 세계 위로 80년 뒤 미래의 모습을 그대로 겹쳐서 볼 수 있다.

어떤 현실은 가장 비현실적으로 우리에게 다가온다. 앞으로 해수면이 몇 센티미터 높아질 것이라는 오래된 경고에 이미 귀를 닫은 이라도 타임스스퀘어 한중간에서 물에 붕붕 뜬 경험을 하게 된다면 눈이 번쩍 뜨이지 않을까? 멜 친의 작품을 본 당신은 이렇게 외칠지 모른다. "이제 정말 여기서 대체 무슨 일이 일어나는지 알고 싶다!"

66
타임스스퀘어를 걷던
수많은 뉴요커는
다 어디로 갔을까?
99

PHOTO @Mel Chin

3.
I Don't Believe
In Global Warming

by Banksy

나는 지구온난화를 믿지 않아
by 뱅크시

I Don't Believe In Global Warming

"난 지구온난화를 믿지 않아." 혹시 아직도 이렇게 말하는 사람이 주변에 있다면 이 낙서를 꼭 보여주길 바란다. 런던 북쪽 리젠트 운하에 빨간 스프레이로 대문짝만 하게 칠해놓은 낙서는, 이걸 칠한 사람을 비웃기라도 하듯 꼬르륵 물속으로 잠기기 일보 직전이다. 보는 순간 실소를 자아내게 하는 낙서. 하지만 그가 부끄러워할까 봐 걱정할 필요는 없다. 낙서의 주인공은 그 이름은 누구나 알지만 아무도 본 적이 없는 그라피티 예술가 뱅크시. 그는 왜 운하 한구석에 이런 낙서를 한 걸까?

이 작품은 2009년 덴마크 코펜하겐에서 열린 UN정상회담이 끝난 이후에 만들어졌다. 상상을 초월하는 기발한 작품과 언행은 물론, 사회의 부조리를 꼬집는 것으로 명성이 자자한 뱅크시는 탁상공론만 하는 정치인들을 향해 또 한 번 통쾌한 직구를 날렸다. 거창한 회담이 언론의 화려한 스포트라이트를 받으며 열렸지만, 결국 법적 구속력을 가진 실천적 목표는 도외시한 채 공허한 메아리로 끝났기 때문이다. 변화를 위해 어떤 행동에도 나서지 않는다면, 기후변화의 위기를 믿지 않는다며 눈 감고 귀 막고 소리치는 '어떤 사람들'과 다른 점이 무엇일까? 간결하고 확실하게, 아이러니는 사람들의 냉소를 전복시키는 가장 확실한 방법이라는 것을 뱅크시는 다시 한번 입증했다.

아직도 이렇게 말하는 사람들이 있다고?

4.

+1.5 Lo Cambia Todo

by WWF & Museo Prado

1.5°C가 모든 것을 바꾼다
by WWF & 프라도 미술관

+1.5 Lo Cambia Todo

0.1, 0.2 · · · 1.0 · · · 1.5까지. 그림 옆에 쓰인 숫자가 차츰차츰 올라가자 우리에게 익숙한 명화들이 점점 모습을 바꾼다. 천진난만하게 바닷가에 엎드려 놓고 있는 발가벗은 소년들 주변으로 물이 점점 까매지면서 죽은 물고기들이 쌓이고, 푸른 숲 사이 풍성한 물로 가득하던 강은 갈라진 바닥을 보이며 메말라간다. 기후 난민으로 전락한 귀족과 말을 타고 허리까지 차오른 바다를 건너는 왕의 모습까지 각각 호아킨 소로야, 요아힘 파티니르, 프란시스코 고야, 디에고 벨라스케스 등 유명 화가의 명화를 패러디한 작품이 스페인 프라도 미술관에 걸렸다. 제목은 '1.5°C가 모든 것을 바꾼다'. 2019년 12월 스페인 수도 마드리드에서 제25차 유엔기후변화협약 당사국 총회(COP25)가 열리자 환경 단체인 세계자연기금 스페인 지부와 프라도 미술관이 기후변화의 심각성을 경고하는 캠페인의 일환으로 위에서 소개한 네 편의 명화를 재해석한 것이다. 이 작품들은 모두 프라도 미술관 소장품으로 각각 해수면 상승, 생물 멸종, 가뭄 위기 등을 상징한다. 살짝 뒤틀린 세계적 명화들의 21세기 버전은 고상하게 미술관 안에만 머무르지 않고 변화한 마드리드 한복판의 광고판으로 나아갔다. 기후변화에 대한 논의가 테이블 위에만 있는 것이 아니라, 거리에서 시민들과 만나길 바랐던 세계자연기금과 프라도 미술관의 기획은 성공했을까? #LoCambiaTodo라는 해시태그를 검색해보면 이들이 사회적 인식을 바꾸는 데 얼마나 똑똑하게 예술의 힘을 활용했는지 직접 확인할 수 있을 것이다.

단 1.5°C가
올랐을 뿐인데

'말을 탄 펠리페 4세', Felipe IV a Caballo by Velázquez

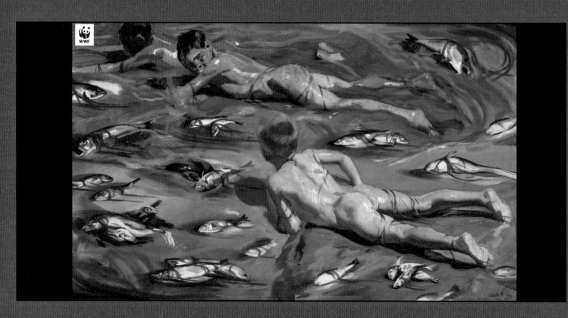

LEFT   '바닷가의 아이들', Niños en la playa by Joaquín Sorolla
RIGHT   '스틱스강을 건너는 카론', El Paso de la Laguna Estigia by Joachim Patinir

'파라솔', El Quitasol by Francisco de Goya

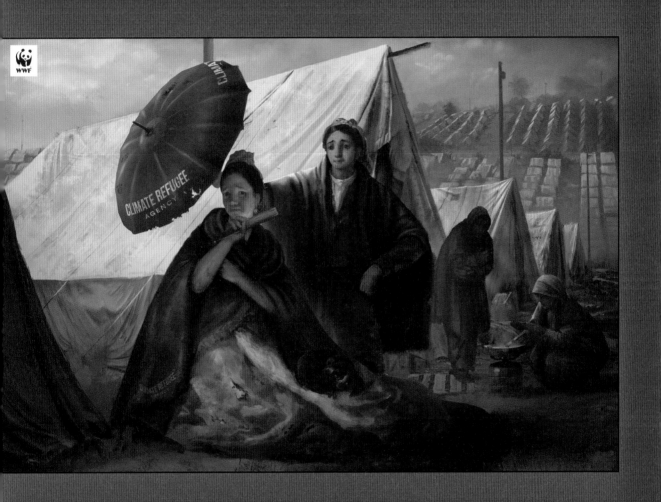

5.
Lines(57° 59' N, 7° 16' W)

by Timo Aho & Pekka Niittyvirta

선(57° 59' N, 7° 16' W)
by 티모 아호 & 페카 니튀비르타

Lines(57° 59' N, 7° 16' W)

스코틀랜드 서해안의 낮은 군도, 한적한 마을 곳곳을 길게 가르는 3개의 광선. 외계인의 암호 같기도 한 빛나는 선은 대체 어떤 의미를 갖고 있을까? 이것은 곧 우리에게 닥칠 미래의 예언을 전한다. "이 선 아래 모든 것은 곧 바닷속으로 잠길 것이다." 핀란드의 예술가 페카 니튀비르타와 티모 아호는 바닷가 바로 옆에 아슬아슬하게 자리한 타이그흐 크헤아르사브하그흐 뮤지엄 앤드 아트센터 Taigh Chearsabhagh Museum & Arts Center 건물과 그 일대에 작품을 설치했다. 빛나는 선은 센서를 사용해 만들었으며 조수의 변화에 따라 상호작용하도록 했다. 작품이 그려낸 선은 해수면 상승이 해안 지역에 어떤 영향을 미칠지 선명하게 보여준다. 빛나는 선은 아름답지만 그것이 가리키는 미래는 섬뜩하다.

66
당신 눈에는
보이지 않나요?

PHOTO @Pekka Niittyvirta

66

지구는
계속 쥐어

교황, 프란치스코
PAPA FRANCESCO

1.5°C

오렌지처럼 짤 수 없어

99

BLACKOUT CINEMA

블랙아웃 시네마 토크

전기가 없으면 어떤 삶이 펼쳐질까?
수다 떨 듯 나누는 영화 속 전기 이야기.

WRITER. Soyeon Lee, Yujin Lee / ILLUSTRATOR. Jinsung Na

1.
VANISHING
베니싱 2010

대정전 다음 날, 도시 전체 사람들이 사라졌다.
TV 리포터 루크는 정체불명의 어둠이 사람들을 집어삼키는 모습을 발견하고 경악한다.

2.
SURVIVAL FAMILY
서바이벌 패밀리 2017

도쿄의 스즈키 가족은 대화가 단절된 전형적인 도시 가족이다.
어느 날 원인을 알 수 없는 대정전으로 인해 그들은 어쩔 수 없이 하나로 뭉쳐 길을 나선다.

3.
THE BOY WHO HARNESSED THE WIND
바람을 길들인 풍차소년 2019

오랜 가뭄으로 식량 부족에 허덕이는 아프리카 말라위.
소년 윌리엄이 쓰레기를 이용해 풍차를 만들며 변화를 일으킨다.

이소연 '뉴닉 NEWNEEK' 에디터, 생태 전환 매거진 <바람과 물> 편집위원, 시셰퍼드코리아 활동가

이유진 녹색전환연구소 연구원, 지역에너지전환 전국네트워크 공동대표,
광주광역시 그린뉴딜 총괄 정책자문관

이소연님이 이유진님을 초대하였습니다.

안녕하세요, 유진 님! 반갑습니다.

그냥 편하게 얘기하면 되나요? 이런 인터뷰가
처음이라··· 좀 떨리네요. ㅋㅋ

아주 괜찮습니다. 왜냐하면··· 저도 처음이거든요.
ㅋㅋㅋ 제가 오늘 유진 님이랑 얘기하려고 미리 영화
세 편을 봤어요.

저도 살펴봤어요. 비슷한 듯 다르고, 무척 재밌던데요.

맞아요. 영화 후기 수다 떨 듯 편하게 얘기 나눠봐요!

제가 처음 본 영화는 이거예요. 미국 공포 영화
<베니싱>!

소연　대도시에 갑자기 전기가 다 꺼지고, 어둠 속에서 무서운 악령이 사람들을 죽이는데요, 빛이 있는 사람만 살아남는 내용이에요. 이 영화 집에서 불 다 끄고 보다가 무서워서 중간에 거실 전등을 켜려는데, 갑자기 안 켜질까 봐 너무 무섭고. 또 스위치 하나 누른다고 전기 들어오는 게 갑자기 고맙고 서럽고 ㅋㅋㅋ 그러더라고요. 근데 진짜 이런 일이 있을까요? 이렇게 대도시에서 갑자기 전기가 끊긴다는 게?

유진　일단 소연 님이 이런 질문을 한다는 거 자체가 충격적이에요. 왜냐하면 정전이 얼마나 드문 일이면 이렇게 질문할까 싶은 그런 마음이랄까 ㅎㅎ 그만큼 정전이 일상적이지 않은 일이라는 거잖아요.

소연　맞아요. 드문 일이죠.

유진　혹시 살면서 정전 겪어본 적 있으세요?

소연　엄청 어릴 때 아주 가끔 있었는데, 그땐 정전 되면 신나가지고 학교 가서 "우리 동네 어제 정전됐다" 자랑까지 하고, 또 정전되길 은근히 기다린 것 같기도 하고 ㅎㅎ. 그만큼 전기 끊기는 게 드물었네요, 생각해보니!

유진　그게 참 신기한 일이에요. 저만 해도⋯ 제가 어릴 때를 생각해보면⋯ 한 1980년대? 동네마다 전기 끊기는 게 자주 있었거든요. 그런데 2000년대 들어서면서는 큰 사건·사고가 아니면 대정전이 날 일이 없게 됐죠. 근데 전기가 끊긴다는 것 자체는 사실 자주 있는 일이긴 해요. 올 7월 초에만 해도 인천에서 강풍이 불어 전신주가 쓰러지면서 100가구의 전기가 끊기는 일이 일어났죠. 그런데 영화에서는 도시 전체, 전 세계가 갑자기 전기가 끊긴다는 내용이죠?

소연　맞아요. 이게 가능한 일인가요? 도시 전체가 끊긴다는 게?

유진　대정전도 일어날 수 있는 일이에요. 2019년 일본에 태풍 '파사이'가 왔을 때 약 93만 가구가 정전이 되었어요. 기후 위기로 태풍의 힘이 점점 세지면서 대형 송전탑이 송두리째 무너진 거죠. 송전탑은 원래 순간 초속 40m의 강풍까지 견디도록 설계돼 있는데, 이 태풍은 풍속이 57.5m였어요. 모두 예상치 못한 어마어마한 강풍이었죠. 기후 위기로 인해 재난의 강도가 심해지고 있어서 사회 기반 인프라를 더 점검하고 재구축해야 할 것 같아요.

©wikimedia

유진　우리나라를 살펴보면 2011년, 역사상 큰 사건이 발생했어요. 전기 소비량이 급증하면서 대정전이 발생할 위기에 처한 일인데요, 이게 9월 15일이었어요. 여름 내내 전력 피크에 대비해서 열심히 가동한 발전소를 정비하는 시점에 이날 기온이 올라가면서 전력 수요가 가파르게 늘어나기 시작한 거예요.

소연　아, 그날이 너무 더웠구나!

유진　맞아요. 전국적으로 이상기후로 무더위가 무척 심했어요. 사람들이 더우니까 에어컨 등을 막 틀면서 갑자기 전기 수요가 확 늘어난 거예요. 전력 거래소에서는 전력 예비력이 계속 떨어지니까 지역별 순환 단전을 했고요.

소연　순환 단전요? 처음 들어봐요.

유진　대정전이 나기 전에 일부 지역의 전기를 아예 끊어버리는 거예요. 이런 걸 '순환 단전'이라고 해요. 우리나라 전력 역사를 통틀어 큰 사건이었죠.

소연　어, 그런데 전기를 미리 많이 만들어둘 순 없나요? 갑자기 수요가 늘 때를 대비해서요.

유진　전기는 생산과 동시에 소비가 이뤄져야 하는 에너지원이에요. 저장도 가능하지만 그런 건 배터리 같은 게 되는 거죠. 우리가 집에서 플러그를 꽂아 쓰는 전력은 발전소에서 생산한 게 전선을 통해 바로바로 들어오는 거예요. 생산과 소비가 맞아야 하는 그런 특징이 있어요.

소연　와, 전혀 몰랐어요. 그런데 전력 거래를 관리하는 거래소도 있지 않나요?

유진　전력 거래소가 발전소와 전력망을 365일 24시간 운영하면서 전력 수요와 공급을 조절하는 역할을 해요. 마찬가지로 수요와 공급이 바로바로 맞아야 하고요. 만약 여름에 냉방으로 소비가 폭증하는데 생산이 못 따라가면 이게 정전이 될 수 있어요.

소연　전기 이 친구··· 관리하기 꽤 까다롭네요.

유진　맞아요. 어떤 돌발 상황이 있을지는 아무도 모르고, 기후 위기로 인한 태풍 등이 원인이 될 수 있어서 갑자기 대정전이 발생할 수 있는 거예요. 이런 돌발 상황이나 갑작스러운 전력 수요 급증에 대해 발전소도 전력 생산부터 수요 관리, 전력망 운영까지 모두 대비를 잘해야 하고요.

소연　그렇군요. 영화 <베니싱>에서는 전기가 끊기고 빛이 없으면 죽게끔 연출하잖아요. 무서웠어요.

유진　ㅎㅎ 전기가 끊긴다고 모두 바로 죽어버리진 (?) 않겠지만, 생명 유지에 직접 영향을 받는 사람들이 있죠. 정전이 장기간 이어지면 이런 사람이 점점 더 늘어날 거고요. 요즘 우리 일상을 보면 전기 없이 못 살 것처럼 살아가잖아요.

소연　맞아요. 휴대폰만 꺼져도 진짜 큰일 나죠. 결제나 QR코드 스캔이나 이런 게 다 안 되니까. 참, 영화에서 귀신보다 더 무서운 장면이 있었어요. 수술실에서 환자가 심장 수술을 받던 도중 전기가 나가서 환자가 그 상태로··· 그러니까 몸통이 열린 상태로 공포에 떠는 장면이 나와요. ㅠㅠ 저는 영화에 나오는 귀신보다 그게 더 무서웠어요. 수술 중에 전기가 나간다니···. 전기가 끊기면 진짜 큰일 나는 곳이 많을 것 같아요.

유진　맞아요. 일단 병원은 생명과 직결되는 곳이니까, 생명 유지 장치가 있는 중환자실 경우에는 의료 기기에 의존해 있던 환자들이 아주 위험할 수 있어요. 이런 기기가 다 전기로 작동하니까요. 그래서 병원 같은 곳엔 지하에 비상 발전기가 있어요.

소연　아, 진짜요? 그럼 다행이네요!

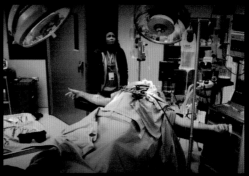

©영화 <베니싱> 스틸 컷

유진　정전이 나면 바로 비상 발전을 돌려서 전기를 공급하게 되죠.

소연　그건 어떻게 작동하는 거예요?

유진　디젤 발전기, 그러니까 석탄이나 석유를 이용한 발전기가 많죠. 기름을 넣어서 유지하는 거예요.

소연　병원 외에도 있을까요? 전기가 나가면 진짜 큰일 난다 싶은?

유진　사실 도로 위도 큰일 나죠. 신호등 같은 것도 멈추면 도로가 바로 혼란에 빠질 테니까요. 기업 입장에서도 진짜 큰일일 수 있어요. 반도체 같은 것 있잖아요. 그런 건 정말 정교한 제품이라 전기가 끊겨 조금이라도 생산 방식에 차질이 생기면 모두 버려야 해요. 그래서 반도체 회사에도 비상 발전기를 구비해두지요. 일상에서는 갑작스레 승강기가 멈추는 것도 위험할 수 있고, 냉동실과 냉장고의 음식이 상하는 것부터 증권시장, 은행 업무 이런 것도 멈추겠죠.

소연   아! 맞아요. 다음으로 본 영화 <서바이벌 패밀리>에서 비슷한 내용이 나와요.

소연   이 영화는 <베니싱>보다 더 현실적이어서, 더 웃기고 또 더 슬프기도 하고··· 생각할 점이 많았어요. 영화에서 처음 정전이 났을 때 사람들이 양초나 비상식량 등을 사러 마트에 갔는데, 계산하는 곳에 줄이 진짜 길게 늘어선 장면이 나와요. 바코드에 띡 대고 신용카드로 결제하면 1분도 안 걸릴 일을, 상품 하나하나 가격이 얼만지 기억해서 점원이 손으로 계산하고, 또 일일이 현금 결제를 해야 하는 거예요. 저 요즘엔 지갑에 현금이 1000원도 없거든요. 이런 상황에서 정전되면 ATM 기기도 안 될 테고, 진짜 큰일일 것 같아요.

도시의 불빛이 없으니 보이는 거야

©영화 <서바이벌 패밀리> 스틸 컷

가슴에 삼천원쯤 품고 다녀야할 계절이 왔군...

소연   오죽 현금을 안 쓰고 카드 쓰는 게 당연하면, 이런 짤도 있을까요. ㅋㅋ 그런데 영화에서 전기가 끊기니까 가스 불도, 물도 안 나오던데 그건 전기랑 어떻게 상관이 있는 거예요?

유진   펌프를 쓰니까 상관이 있죠. 그러니까 정전이 되면 불이 꺼지고 충전을 못 하는 것뿐 아니라 물도 안 나오고, 주유소에서 기름도 안 나와요. 전기를 이용해 펌프로 끌어올리는 거니까요. 주유기도 전기로 작동하잖아요. 그리고 가스레인지도 안 될 수 있어요. 전기 스파크로 불을 켜는 거거든요. 대신 성냥이나 라이터로 켤 수 있겠네요.

소연   정전이 되면 단순히 '전기 가전제품을 못 쓰겠구나' 싶었는데, 일상 곳곳에서 전기가 상당히 많이 쓰이고 있네요.

유진   그렇죠.

소연   근데 영화에서 자동차 대신 자전거를 타거나 TV 대신 밤하늘을 보는 장면도 있어요. 전기로 가득한 문명에서 벗어나 오히려 가족끼리 나름의 행복을 찾아가는 거죠.

소연   전기가 없던 옛날 시절 같기도 하면서 괜히 아련하고 낭만적이더라고요. 철없는 생각일 수 있겠지만, 지금보다 좀 더 재밌거나 행복할 것 같기도 하고요. 유진 님은 실제로 정전이 난다면, 혹시 가족분들이나 친구분들과 어떻게 극복해나갈 것 같으세요?

유진   솔직히 말하면, 저도 일을 하면서 노트북이나 핸드폰 끼고 살기 때문에 전기 없이 어떻게 살까 싶긴 해요. 근데 전 이 영화를 보면서 오히려 이런 메시지를 전하려는 게 아닌가 싶었어요. "전기 없으면 진~짜 큰일 날 줄 알았지? 그래도 이렇게 살아갈 수 있더라! 오히려 더 잘 살더라!" 하고요. 사실 인간이 전기를 사용한 게 그리 오래된 역사는 아니거든요.

소연   그러고 보니 언제부터 전기를 사용했는지 잘 모르겠네요.

유진   우리나라에 전깃불이 처음 들어온 것이 고종 때예요. 그러니까 1879년 에디슨이 전구를 발명한 지 8년 만에 전깃불이 들어온 거예요.

소연   와, 8년 만에?

유진   조선은 1883년 미국에 보빙사(사절단)를 파견해요. 그곳에서 사절단이 전등을 보고 그 사실을 고종에게 보고하지요.

소연   사절단, 역사 시간에 배운 기억이 있어요. 진짜 너무 신기하다.

©한국전력공사

유진   그 당시 사절단도 서양에서 전구를 보고 너무 놀란 거죠. 고종이 에디슨 전기회사에 전구 설치를 공식적으로 요구합니다. 그리고 고종 24년, 그러니까 1887년에 경복궁 건청궁에서 전등을 설치하는 행사를 해요.

소연   그림으로 보니까 너무 신기하다!!!! ㅠㅠㅠㅠ 사극에서 보면 막 너무 옛날 옛적 호랑이 담배 피우던 시절 같고, 고래기름으로 호롱불 밝히고 이랬을 것만 같거든요. 이때부터 전등이 있었군요.

유진   맞아요. 우리나라는 일본이나 중국보다도 전등을 빠르게 들여왔고, 1899년부턴 동대문 발전소를 지으면서 본격적으로 전기를 생산하기 시작했죠.

소연   생각해보면 인간이 전기를 사용한 지 200년도 안 됐는데, 우리가 현대 문명이라는 이름 아래 너무나 편리하게 길들어 있는 것 같아요. 마치 없으면 절대 살 수 없는 것처럼. 그 속에서 실제 우리가 놓치고 있는 건 없는지 생각하게 되네요.

유진   현대인을 표현하는 카툰 중 다들 콘센트에 매달려 있는 장면도 있잖아요. ㅋㅋㅋㅋ

소연   앗, 들켰다. ㅋㅋㅋㅋ

유진   그러니까요. 배터리 떨어지면 어쩌나 다들(저를 포함해) 초조해하는데, '이런 우리 삶, 진짜 괜찮은 건가?' 한번 돌아보자는 거죠. '우리 전기에 너무 중독되어 사는 건 아닌가?' 영화는 이런 질문을 던지는 것 같았어요.

소연   그렇군요. 참, 영화 보면서 이것도 궁금했어요. '진짜로 정전되면 어떡하지?' 하고요. 불이 났을 때 대비하는 방법 등은 교육받은 적이 있는데, 정전 대비는 제대로 못 한 느낌이 들더라고요. 대규모 정전 사태를 대비해 집에 이것만은 구비해두라는 게 있을까요?

유진   정전도 정전이지만, 기후 위기로 인한 한파, 태풍, 폭염 등을 대비해 실제로 하나씩 준비하는 게 필요해요. 재난에 대비하는 훈련, 아니 생존 배낭 등이 꼭 필요한 시대가 된 거죠.

소연   생존 배낭?

유진   말 그대로 생존에 필요한 물건을 담은 배낭이에요. 랜턴, 건전지, 양초, 성냥, 라이터 등이 기본적으로 필요하겠죠? 그리고 정보를 얻을 수 있어야 하는데, 휴대폰은 충전이 안 될 수 있으니 라디오와 건전지를 구비해두는 게 좋아요. 재난이 더 오래되면, 체온을 유지하고 필요한 음식을 먹기 위한 버너와 부탄가스, 담요 등도 필요할 테고요.

소연   윽, 혼자 자취하는 사람으로선 하나도 제대로 갖춘 게 없는 것 같아요. 이런 것부터 잘 준비를 해야겠네요.

유진   119도 있겠지만, 무엇보다 가까이서 서로 도와줄 수 있는 이웃들, 공동체가 중요한 것 같아요.

©대한안전교육협회

소연　맞아요. 영화에서도 정전된 상황에서 이웃의 죽음을 목격하는 장면이 나와요. 정전 때문에 119나 가족에게 전화도 할 수 없으니까요. 이런 상황에서 서로 왕래도 없었다면, 누군가 사망했다는 사실조차 모를 수 있을 것 같아요.

유진　기술이 발달할수록 공동체의 끈끈함은 흐릿해져 가는데, 역설적으로 이런 상황에선 오히려 더 중요해지는 거죠.

©"William Kamkwamba: How I built a windmill" Youtube 화면 캡처

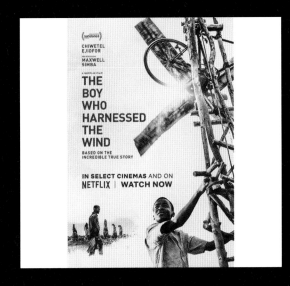

소연　이게 진짜 역설적인 것 같아요. 마지막으로 본 영화 <바람을 길들인 풍차소년>에서는 마을 공동체는 끈끈한데, 전기가 없어 모두 굶어 죽을 위기에 처한 상황이 나오잖아요.

소연　<베니싱>과 <서바이벌 패밀리> 두 영화가 전기 없을 때를 가정해 극한의 연출을 했다면, 이 영화는 실화를 기반으로 얘기하니까 더욱 와닿았어요. 보는 데 더 힘들고 이입이 되더라고요.

유진　맞아요. 영화 주인공인 윌리엄은 굶주린 마을을 살리기 위해 쓰레기와 고철을 이용해 풍차를 만들고, 풍차로 우물물을 끌어 올려 가뭄 속에서도 농사를 지어 마을을 살리잖아요. 저도 너무 인상 깊게 봐서, 실제 인물인 '윌리엄 캄쾀바'의 TED 강연까지 찾아봤어요. 정말 인상 깊더라고요.

소연　전기가 없어 마을 전체가 굶어 죽을 위기에 처한 게, 어쩌면 공포 영화인 <베니싱>보다도 더 공포스러운 일인 것 같아요. 현재 세계적으로 전기를 생산하지 못하는 나라 상황은 얼마나 심각한가요?

유진　국제에너지기구(IEA) 보고서에 따르면, 2017년 기준 전 세계 76억 인구 가운데 89%만 전기 공급의 혜택을 보고 있어요. 쉽게 말하면, 10명 중 1명은 전기를 사용하지 못한다는 뜻이죠.

소연　10명 중 1명이라니··· 그마저도 사하라 이남 아프리카는 10명 중 6명이 전기에 접근하지 못해요. 에너지 빈곤 문제가 여전히 정말 심각한 거네요. 그럼 당장 생존의 문제와 연결되는 건가요?

유진　그렇죠. 전기가 하나의 상징이지만, 인간이 살아가기 위해서는 기본 에너지가 필요해요. 밥 먹는 것만 생각해봐도요. 소연 님, 밥 어떻게 해 먹나요?

소연　전기밥솥? 가스레인지나 전자레인지를 써요.

유진　그렇죠. 우리는 가스나 전기를 이용해서 요리를 하지만, 인도나 아프리카 일부 지역에서는 소똥을 말려 태워서 밥을 지어요. 이때 발생하는 연기 때문에 호흡기 질환에 걸리는 여성도 많고요.

소연　진짜 먹고사는 문제네요. 사람들의 삶에 바로 영향을 미치는···.

유진　에너지 빈곤국 하면 아프리카처럼 먼 나라만 생각하기 쉬운데요, 서울에서 불과 몇십 킬로미터 떨어진 곳에도 에너지 빈곤 문제가 심각해요.

소연　엥? 그게 어디예요?

유진　바로 북한이에요. 최근에 북한이 지속 가능성 보고서를 발표했는데, 전 국민의 35%만 전기에 접근할 수 있다고 하더라고요.

소연　35%만요? 너무 적은데요?

유진 북한은 전기뿐 아니라 에너지 부족 사태도 심각해요. 북한은 주로 수력발전으로 전기를 만든다고 하는데요, 기후 위기로 강수량도 예측하기 어려워 전기 공급과 사용에 영향을 많이 받고 있거든요.

소연 그럼 갈수록 문제가 심각해질 수 있는 거네요. 밥할 때뿐만 아니라, 더위와 추위에 견디기 위해서도 에너지가 필요하니까요.

유진 맞아요. 고작 몇십 킬로미터 떨어진 곳에서도, 누군가는 전기를 쉽게 구할 수 없다는 사실을 많은 사람이 모르고 있죠.

소연 어··· 제가 몰랐다는 사실이 더 놀라운 것 같아요. 북한 원조 소식 보면 쌀이나 소 같은 거 보내는 것만 봤는데, 어쩌면 전기 인프라를 구축할 수 있게 하는 것도 살아가는 데 필요한 원조일 수 있겠다는 생각이 드네요. 이렇듯 나라마다 차이가 있는 것처럼, 한 나라에서도 지역마다 차이가 있나요? 예를 들어 수도권 지역은 전기가 더 풍부하고, 시골은 더 없고, 그런 일 말이에요.

유진 우리나라는 공급 문제는 비교적 모두 안정적인 편인데요, 생산자와 소비자의 불균형 문제가 심각해요. 발전소 위치를 보면 원전은 대부분 동해안 근처, 예를 들어 경주, 울진, 부산 고리, 울산 울주, 전남 영광 등에 있고요, 석탄화력발전소는 충청남도에 많아요. 특정 지역에 발전설비들이 몰려 있는 거예요. 대도시는··· 그러니까 서울을 살펴보면 화력발전소는 마포구 당인리에 딱 하나 있어요. 인구가 1000만에 가까운데 이 많은 사람이 사용하는 전기는 다른 지역에서 송전망으로 받아서 쓰는 거예요.

석탄화력발전소
국내 현황

©환경운동연합

소연 어느 지역은 죽어라 만들고, 어느 지역은 죽어라 쓰는 거네요. "어지르는 사람 따로, 치우는 사람 따로 있냐!" 약간 이런 느낌 같기도 하고요.

유진 맞아요. 한 지역에서 소비하는 전력을 자체적으로 생산하는 비중을 나타내는 지표가 있어요. '전력 자립률'이라고 해요.

소연 으아··· 서울 엄청 낮을 것 같아!

유진 2020년 기준 서울은 11%에 불과하고, 다른 대도시의 경우 적게는 1%대로 한 자릿수에 불과한 곳도 많아요.

소연 1%대요? 그럼 나머지는 다른 지역에서 가져오는 건가요?

유진 그런 거죠. 쉽게 말하면 다른 지역의 석탄·원자력발전으로 생산한 전기를 송전탑·송전선을 통해 공급받지 않으면 서울 같은 도시는 지금처럼 전력을 사용할 수 없는 거예요.

소연 다른 지역에서 불만은 없나요?

유진 당연히 있죠. 전력을 만들고, 송전망을 통해서 소비지까지 보내는 전 과정에서 환경적·사회적 부담이 있으니까요. 누군가가 그걸 감내해야 하는 거고요. 예를 들어 경상남도 밀양을 관통하는 76만5000V 초고압 송전탑 때문에 주민들이 엄청난 고통을 호소하며 송전탑 건설 반대 운동을 벌인 적이 있어요.

소연 언젠가 뉴스에서 본 적이 있는 것 같아요.

유진 2000년대 중반부터 지금까지 갈등이 계속되고 있으니 본 적 있을 거예요. 주민들은 농성장을 만들어 반대 투쟁을 벌였는데, 결국 2014년 6월 11일 행정대집행으로 농성장을 철거하고 송전탑을 건설했어요. 지금도 여전히 주민들은 반대하고 있고요.

소연 구체적으로 어떤 문제인가요?

유진 송전선로가 미치는 악영향이 너무 큰데, 모든 부담이 지역에 고스란히 전가된다는 것이지요. 게다가 당시 발전소 건설에서 꼭 필요한 송전탑도 아니었고요. 고압 송전탑이 미치는 환경적·사회적 영향을 농촌 지역 주민들이 모두 감내해야 했으니까요. 그래서 "전기는 눈물을 타고 흐른다"는 말까지 생겨났어요.

소연 발전소나 송전탑, 송전선이 지나면 아무래도 지역사회에 좋지 않은 영향을 미치겠죠?

유진 그렇죠. 초고압 송전망이 지나가는 지역에는 송전망 설치를 위한 여러 공사가 진행되거든요. 이때 주민의 건강에 해로운 영향을 줄 수 있고, 재산상 피해나 경관·생태계 파괴 등 지역에서 직간접적으로 큰 피해를 봐요.

국제에너지기구(IEA) 보고서에 따르면, 2017년 기준 전 세계 76억 인구 가운데 89%만 전기 공급의 혜택을 보고 있어요. 쉽게 말하면, 10명 중 1명은 전기를 사용하지 못한다는 뜻이죠.

10명 중 1명이라니··· 그마저도 사하라 이남 아프리카는 10명 중 6명이 전기에 접근하지 못해요. 에너지 빈곤 문제가 여전히 정말 심각한 거네요. 그럼 당장 생존의 문제와 연결되는 건가요?

그렇죠. 전기가 하나의 상징이지만, 인간이 살아가기 위해서는 기본 에너지가 필요해요. 밥 먹는 것만 생각해봐도요. 소연 님, 밥 어떻게 해 먹나요?

전기밥솥? 가스레인지나 전자레인지를 써요.

그렇죠. 우리는 가스나 전기를 이용해서 요리를 하지만, 인도나 아프리카 일부 지역에서는 소똥을 말려 태워서 밥을 지어요. 이때 발생하는 연기 때문에 호흡기 질환에 걸리는 여성도 많고요.

진짜 먹고사는 문제네요. 사람들의 삶에 바로 영향을 미치는···.

소연　듣다 보니 요즘 이슈가 된 쓰레기 문제랑 비슷하다는 생각이 드네요. 수도권에서 나온 쓰레기를 인천 쓰레기 매립지로 모두 전가해서 문제가 되고 있잖아요. 전기는 만드는 곳 따로, 쓰는 곳 따로인 이런 상황 말이에요. 아, 유진 님, 저 잠시만요. 지금 작은 조명을 2개 켜고 있었는데, 하나만 끄고 올게요.(후다닥 다녀옴.)

유진　ㅋㅋㅋㅋ 좋아요. 결국 불필요한 전기 소비를 줄이고 아끼는 게 도움이 되죠. 소연 님은 혹시 원자력발전소 가본 적 있어요?

소연　없어요.

유진　석탄 발전소는?

소연　없어요, 아무것도 없어요. ㅠㅠ ㅎㅎ

유진　그렇죠. 평생 동안 전기를 많이 쓰지만 생산하는 곳이 어딘지 작정하고 찾아가지 않는 한 볼 일이 없고, 접할 일도 없죠. 근데 어떤 분들은 평생을 그 옆에서 살아가야 하는 거예요.

소연　꼭 발전소가 있어야 하는 걸까요? 영화에서는 자전거 페달을 열심히 돌려 풍력발전을 해서 전기를 만들던데, 그것도 가능할까요? 원리가 어떻게 되는 거예요?

유진　발전기를 쉽게 얘기하면, 터빈을 돌려서 전자기 유도를 통해 전기를 만들어내는 거예요. 영화에서도 풍력발전기 만들 때 구리, 자석, 전류계 같은 장비를 어렵사리 구하잖아요. 그게 포일이 자기장을 통과하도록 유도하는 과정이에요. 풍력발전기는 바람의 힘으로 터빈이 돌아가는 건데, 그 힘이 바람이냐, 석탄이냐, 사람의 동력이냐, 뭐 이런 식으로 달라지는 거죠. 이 원리대로라면 영화에서 풍력발전소 만들 듯 일상에서도 소형 풍력발전기 같은 걸 충분히 설치할 수 있어요.

소연　그러고 보니 저도 옛날 과학 시간에 뭔가 아무것도 없는 상태에서 불을 켜보고 하는 경험이 있는 것 같아요. 과학 시간 생각하니까, 저 갑자기 궁금한 게 하나 있어요. 전에 저는 '미래에는 걸어 다니는 힘으로도 전기를 만들 수 있을 거야'라고 생각한 적이 있거든요. 이런 일상 속 동력, 마찰력으로도 전기를 만들 수 있을까요?

유진　가능해요! 전기의 원리 자체가 마찰로 생기는 흐름이거든요. 실제 사람이 압력을 가하면서 전기를 만드는 형태를 '압전'이라 부르고, 실제로도 있어요!

소연　이미 있어요?(좌절)

유진　사람이 밟으면 전기가 만들어지는 압전 패드가 있어요. 지하철 가면 사람들이 엄청 많이 걷고, 서 있고, 움직이잖아요. 일본 도쿄 어느 지하철역에는 이 힘을 이용해 전기를 모으는 패드가 설치된 걸로 알고 있어요.

소연　와, 신기하다! 이게 상용화되면 수도권 전기는 수도권 사람들의 발걸음 힘으로 마련하고, 부당한 불평등이나 부담 전가가 좀 줄어들면 좋을 텐데⋯.

유진　이런 걸 '에너지 하베스팅 Energy Harvesting 연구'라고 하더라고요. 이런 연구가 계속돼야겠지만, 오늘날 우리의 산업과 경제 규모를 지탱하려면 역부족이에요. 그래서 여전히 대형 발전소에서 전력을 생산하는 방식이 이어지는 거고요. 이제는 재생 가능 에너지를 기반으로 분산형 발전 방식으로 바뀌면 좋겠어요.

소연　그러게요. 저는 오늘에서야 유진 님과 이렇게 얘길 나누면서 전기 문제를 진지하게 생각해보게 됐어요. 매일 밥 먹듯 전기를 쓰면서 이러한 문제들을 한 번도 생각 못 해봤다는 게 좀 어이가 없으면서도 씁쓸하네요. 우리가 직접 쓰는 전기와 관련한 이런 문제점을 더 많은 사람에게 알리기 위해 어떻게 하면 좋을까요?

유진　소연 님과 대화하면서 물어봤듯, 똑같이 물어볼 것 같아요. "발전소 가본 적 있으세요?" 하고요.

소연　아⋯.

유진　도시에서 살아가는 사람들은 일부러 찾아가지 않는 한 발전소에 가볼 리 없잖아요. 전기가 어디서 어떻게 만들어지는지, 어떤 에너지원으로 만들어지는지 관심을 가지면 좋겠어요. 발전소 주변에서 살고 계신 분들이 겪고 있는 고통과 불안에 대해 들어볼 일이 없잖아요. 그래서 더더욱 우리가 사용하는 전기가 어떤 에너지원으로 생산되는지 관심을 가져야 해요.

소연　관심을 갖다 보면 눈에 보이는 게 점점 많아지겠네요.

유진　맞아요. 사실 많은 MZ세대가 눈에 보이는 쓰레기 문제에 분노하고, 몸으로 느끼는 기후 위기의 심각성과 위기 상황을 잘 알고 있잖아요. 근데 전기 문제는 눈에 잘 안 보이니까 그 과정에 좀 더 관심을 가지면 좋겠다는 생각을 해요. 요즘 기후 위기 막으려고 전 세계 정부가 노력하고 있잖아요. 근데 사실 우리가 사용하는 전력의 40%가 석탄 발전소에서 나오거든요. 이게 기후 위기를 가속화하고 있어요. 우리가 매일 쓰는 전기가, 우리가 그렇게 막으려고 하는 기후 위기와 어떻게 연결돼 있는지를 아는 게 중요할 것 같아요.

©Luis Patron

소연　　한마디로 말하면 우리가 편히 쓰는 전기에 대해
마음껏 궁금해하자, 이 정도로 마무리할 수 있겠네요.
유진　　네, 마음껏 궁금해하자!
소연　　고맙습니다. 인터뷰는 이쯤 마무리하면 될 것
같아요. 영화 보며 궁금했던 것 다 물어본 느낌이라. ㅋㅋ
ㅋㅋ 너무 재밌었고요, 의미 있는 시간이었어요.
유진　　저도 재밌었습니다. 더 필요한 내용 있음 연락
주세요.
소연　　네, 감사합니다! 👋👋

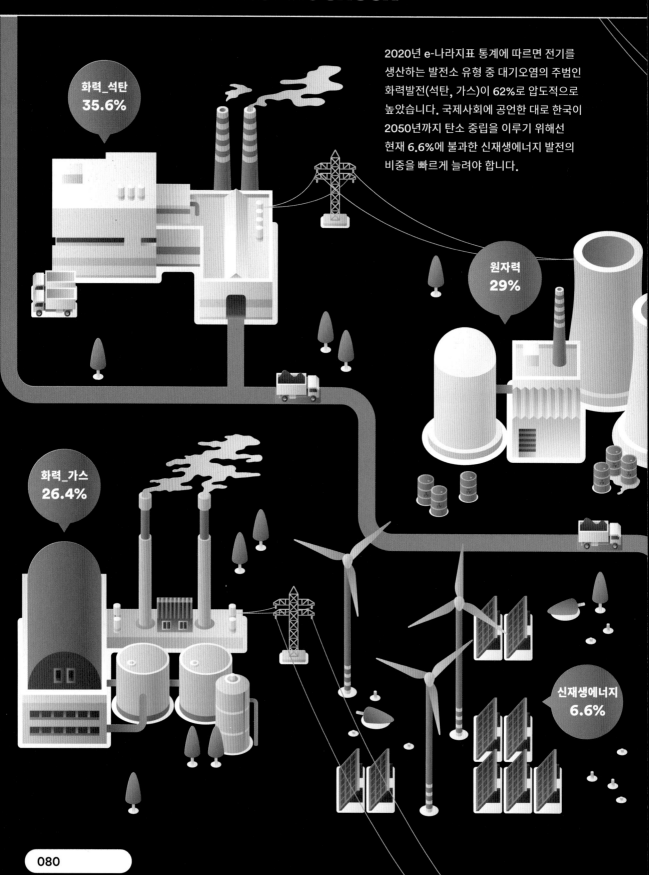

화력_석탄
35.6%

2020년 e-나라지표 통계에 따르면 전기를 생산하는 발전소 유형 중 대기오염의 주범인 화력발전(석탄, 가스)이 62%로 압도적으로 높았습니다. 국제사회에 공언한 대로 한국이 2050년까지 탄소 중립을 이루기 위해선 현재 6.6%에 불과한 신재생에너지 발전의 비중을 빠르게 늘려야 합니다.

원자력
29%

화력_가스
26.4%

신재생에너지
6.6%

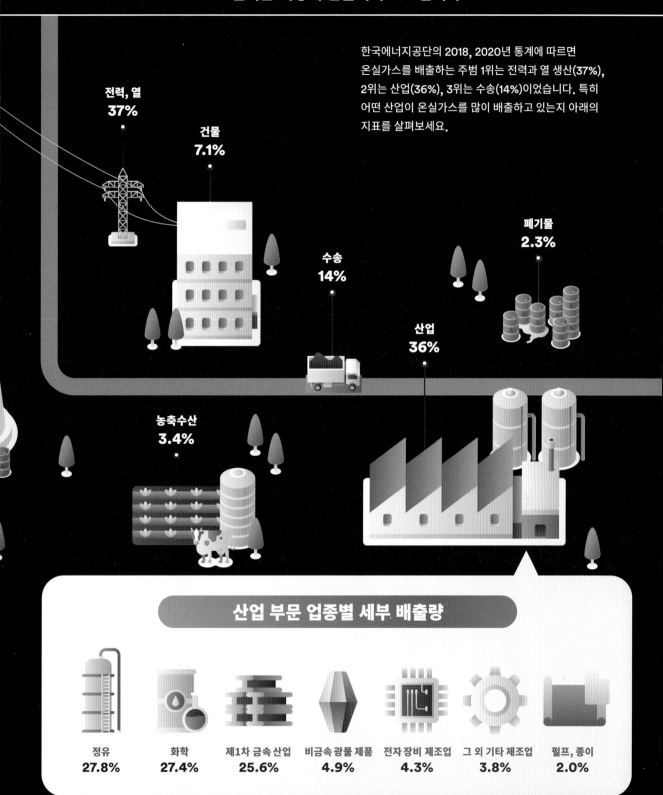

한국에너지공단의 2018, 2020년 통계에 따르면 온실가스를 배출하는 주범 1위는 전력과 열 생산(37%), 2위는 산업(36%), 3위는 수송(14%)이었습니다. 특히 어떤 산업이 온실가스를 많이 배출하고 있는지 아래의 지표를 살펴보세요.

전력, 열
37%

건물
7.1%

폐기물
2.3%

수송
14%

산업
36%

농축수산
3.4%

산업 부문 업종별 세부 배출량

정유	화학	제1차 금속 산업	비금속 광물 제품	전자 장비 제조업	그 외 기타 제조업	펄프, 종이
27.8%	27.4%	25.6%	4.9%	4.3%	3.8%	2.0%

RE100

RE
NEW-
ABLE
ENERGY
100

애플과 나이키와
스타벅스가
한자리에 모인 이유

지구인이라면 거의 다 아는 핵인싸 기업들이 들어가고 싶어 줄 서는 곳이 있다.
성수동에 새로 생긴 디저트 카페 얘기가 아니다.
영국에서 처음 시작한 캠페인 'RE100' 이야기다.

NUMBERS

EDITOR. Kuntae Kim / ILLUSTRATOR. Jaeha Kim

잘나가는 기업들의 힙 넘버

먼저 숫자 100에 대해 말해보자. RE100은 'Renewable Energy 100'의 약자로, '알이백'이라고 발음한다. 영어가 불편한 사람을 위해 풀어서 설명하자면 2050년까지 기업에서 사용하는 전력의 100%를 재생에너지로 대체하자는 국제적 협약을 뜻한다. 쉽게 말해 이제껏 전기 생산을 위해 사용해오던 석탄·석유 같은 화석연료를 땅속에 묻어두고, 대신 태양·바람·파도·지열 등 자연 친화적인 재생에너지를 사용하자는 운동이다. 왜 귀찮게 안 하던 짓을 할까? 그냥 살던 대로 살면 안 되나? 과학자들이 말하길 지금처럼 화석연료를 계속 사용한다면 더는 돌이킬 수 없는 지경이 된다고 한다. 그러면서 지구 온도 상승의 마지노선을 1.5°C로 정했다. 지구 온도가 2°C 오른다고 별일 있겠나 싶을 거다. 땀이 좀 더 나고, 장마가 길어져 100일 연속으로 비가 내리고, 해수면이 상승해 부산과 인천이 물에 잠기고, 산불이 멈추지 않고, 동식물의 60%가 지구상에서 사라진다는 것 정도? 그야말로 절멸인 거다. 이 정도면 서로 일면식도 없는 기업들이 100이라는 숫자에 묶이려는 이유를 조금은 알겠지?

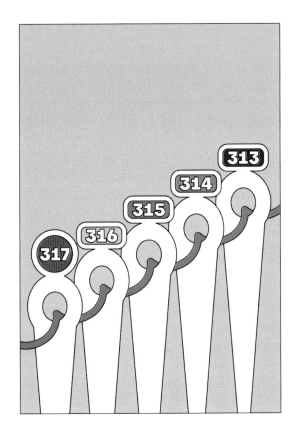

가입 조건 까다로움, 엄선한 숫자

마지막까지 숫자를 고치느라 애를 먹었다. 317은 RE100에 가입한 기업의 수를 말한다. 처음 글을 쓸 때는 311이었고, 아마 당신이 이 글을 읽을 때쯤엔 얼마나 더 불어날지 모르겠다. 2015년에 처음 가입한 기업의 수가 15개라는 사실을 감안하면 매년 폭발적으로 늘어나는 게 놀랍기만 하다. 가입 기업의 면면을 살펴보면 구글·애플·페이스북·마이크로소프트·HP 같은 글로벌 IT 기업이 우선 눈에 띄고, 골드먼삭스·HSBC·뱅크오브아메리카 등 거대 금융 기업도 한자리를 차지하고 있으며, 월마트·이케아·이베이·레고·존슨&존슨 등 제조 유통업의 큰손들도 다수 포함돼 있다. 그런가 하면 누구나 한 번쯤 카드를 긁었을 법한 샤넬이나 나이키, 코카콜라, 스타벅스 같은 생활 브랜드도 여럿 있다. 말 그대로 지구인이라면 알 법한 기업이 여기에 다 모였다. 물론 아무나 참여할 수 있는 건 아니고, 나름의 자격을 충족해야 한다. 연간 전력 소비량이 0.1테라와트시 이상이거나 〈포춘 Fortune〉 선정 1000대 기업에 속해야 한다. 한마디로 가입 조건이 엄청 까다로운 기업들의 인싸 모임인 셈이다.

이 기업들이
하나의 나라를 이룬다면?

세계 13위

RE100 가입 기업이 1년 동안 사용하는 전력량을 한데 모으면 317테라와트시에 육박한다. 이렇게만 말하면 얼마나 대단한 양인지 모를 것 같아 317개 기업을 하나의 국가로 가정해봤다. 그랬더니 이들 기업의 전력 소비량이 세계 13위에 랭크됐다. 이는 인구 6000만 명의 이탈리아 사람들이 1년간 피자와 파스타를 만들어 먹고 설거지를 하기 위해 사용하는 전기량보다 1테라와트시 더 많은 양이다. 고작 300개 조금 넘는 기업이 소모하는 에너지치고는 과한 양이다. 참고로 세계 전력 소비량 1위와 2위는 중국과 미국이다. 그들은 누가 더 빨리 배가 터지는지 경쟁하는 것처럼 우걱우걱 전기를 먹어치우고 있다. 우리나라도 전력 사용량으로 따지면 세계 톱 클래스다. 프랑스와 영국, RE100 연합국보다 앞선 세계 9위에 올라 있다. 하지만 전력 사용량보다 더 심각한 문제는 온실가스 배출량이다. 우리나라의 석탄 발전 의존도는 OECD 국가 평균치의 2배에 달한다. 덕분에 우리나라는 '세계 4대 기후 악당'이라는 수치스러운 별명까지 얻었다.

헤이즐넛 더블 샷
무료 나눔
23,095,027,083잔

블룸버그 뉴 에너지 파이낸스는 재생에너지와 탄소 시장 분야 마켓 리서치 회사다. 이 회사가 2020년 발간한 재생에너지 전망 보고서에 따르면, RE100 기업들이 재생에너지 100%를 달성하기 위해 필요한 비용은 980억 달러 이상이다. 달러로 말하니 감이 오지 않아 원화로 계산했더니 110조856억1300만 원(헉헉!), 그러니까 110조 원 이상이 필요하다는 계산이 나왔다. 이는 135만 원짜리 애플의 '아이폰 12 프로'를 우리나라 모든 국민에게 나눠주고도 3000만 대가 재고로 남으며, 스타벅스 '헤이즐넛 더블 샷' 230억 잔을 무료 나눔 할 수 있는 금액이다. 전 국민이 443일 동안 공짜 커피를 마시고도 남는 양이다. 어떤 수치를 대입해봐도 어마어마한 이 비용을 왜 기업들은 앞다퉈 지불하는 걸까? 가장 큰 이유는 탄소세 같은 벌금을 낼 바엔 "에라, 이럴 거면 재생에너지를 쓰는 게 더 싸게 먹히지" 하고 이미 계산기를 두드렸기 때문이다. 기업은 절대 손해 보는 장사를 하지 않는다. 당장의 비용을 지불하더라도 장기적으로는 재생에너지로의 전환이 더 이득이라는 걸 안다. 거기에 "우리는 글로벌 리더로서 사회적 책임을 다하고 있어!"라고 생색 내기에도 나쁘지 않은 선택일 것이다.

23,095,027,083

CUPS OF
FREE HAZELNUT
DOUBLE SHOT

애플이 매년 자동차를 없앤다고?

3,400,000대

반에 이런 애들 한두 명은 꼭 있다. 다음 주까지 과제를 제출하기로 해놓고 먼저 다 끝내버려서 나머지가 게을러 보이게 만드는 범생이 타입. RE100에도 그런 기업이 있다. 2050년까지 마치기로 약속한 재생에너지 100% 전환을 진즉에 달성한 구글, 페이스북, 레고 등 53개 기업이 여기에 속한다. 애플 역시 2018년에 재생에너지 100% 전환을 이뤘다. 거기서 그치지 않고 애플은 자기들과 함께 일하는 협력 업체 110개 기업에도 똑같은 요구를 하고 있다. 2030년까지 재생에너지 100% 전환을 이루지 않으면 거래를 끊어버리겠다는 협박과 함께. 원래 더 사랑하는 쪽이 더 힘든 법. 애플이 아니면 기업의 존재 자체가 흔들리는 협력 업체들은 울며 겨자 먹기로 재생에너지로의 전환을 준비하고 있다. 애플의 협력 업체 중 하나인 우리나라의 모 반도체 기업도 국내에서는 도저히 재생에너지를 조달할 수 없자 베트남 공장에서 납품을 준비 중이다. 한편 애플의 이러한 프로젝트는 이산화탄소 배출을 1500만 톤가량 억제하며, 연 340만 대의 내연기관 차량을 없애는 것과 동일한 효과를 낸다고 한다. 누군가에겐 깡패 같은 애플이지만, 사실은 착한 깡패랄까.

스타벅스는 햇빛 농사 중,
인천 야구장

13,521개

스타벅스는 전 세계에 3만2928개의 매장을 보유한 커피업계의 대부다. 녹색을 메인 컬러로 삼은 브랜드답게 2015년 RE100에 가입해 그 이듬해에 재생에너지 100%를 구매·달성했다. 삼깐, '구매'라고? 그게 무슨 의미일까? 기업이 RE100을 달성했다는 말은 곧 '생산'만을 의미하지는 않는다. 그러니까 모든 기업이 자기네 옥상에 태양광 패널을 설치하지는 않는다는 뜻이다. 복잡하지만 짚고 넘어가자. RE100을 인정받는 방법은 크게 네 가지가 있다. 첫 번째는 태양광 패널이나 풍력발전기 등을 직접 설치해 전기를 자급자족하는 방법이다. 두 번째는 발전소가 생산하는 재생에너지를 직접 구매하는 녹색 요금제. 세 번째는 민간 발전 사업자와 직접 거래하는 PPA 방식. 마지막으로 발전소가 발행하는 REC 인증서만 따로 구매하는 방식이다. 당신을 이해시키려면 이 책의 모든 페이지를 할애해도 부족할 테니 자세한 설명은 생략한다. 여하튼 이미 재생에너지 100%를 달성한 스타벅스가 추가적으로 태양광발전소에 직접 투자하며 햇빛 농사를 짓고 있다. 그들이 미국 노스캐롤라이나주에 설치한 태양광 패널의 규모는 14만 에이커, 인천 야구장을 1만3521개는 족히 지을 수 있는 크기다. 스타벅스가 이 거대한 농장에서 생산하는 전기의 양은 연간 250만 그루의 나무를 심는 것과 동일한 효과를 낸다고 한다. 스타벅스가 플라스틱 대신 흐물흐물한 종이 빨대를 개발한 게 괜히 폼만 잡으려고 한 건 아니었나 보다.

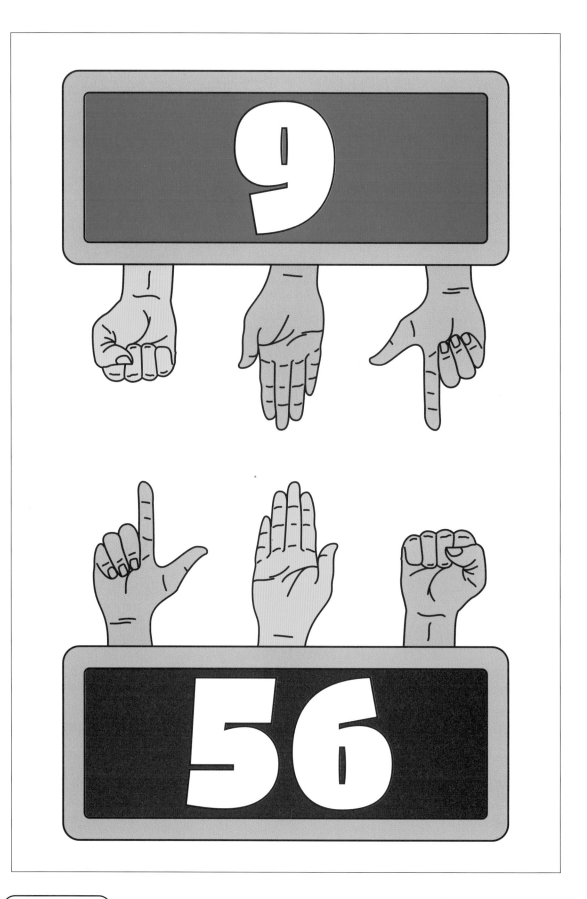

일본에는 가위바위보도
지지 말라 했는데!

한국인의 특징 중 하나가 일본 이야기만 나오면 승부욕이 불타오른다는 것이다. 오죽하면 대한민국 야구 대표팀의 김응용 전 감독이 이런 말까지 했을까. "모든 팀한테 다 이겨도 일본에 지면 전패고, 다른 나라에 다 져도 일본에 이기면 전승이다." 그의 주장대로라면 우리는 이미 일본에 전패했다. '9:56'은 시간을 말하는 게 아니다. 한국과 일본의 점수 차다. RE100 가입 기업 가운데 일본 기업의 수는 56개로, 미국에 이어 세계 2위다. 6개 기업 중 하나는 일본어를 쓴다. 그에 반해 우리나라는 SK 계열사 6개와 LG에너지솔루션, 아모레퍼시픽, 한국수자원공사 등 9개 기업이 겨우 RE100에 발을 담갔다. 지난해 12월 SK가 처음 RE100의 문을 두드리고 6개월밖에 지나지 않았다는 점을 감안하더라도 9:56이라는 성적표는 부끄러워해야 마땅하다. 가입 기업 수를 성적으로 표현하는 것이 잔인하다고? 재생에너지로의 세계적 전환은 이미 스포츠와 다름없다. 올림픽에서 메달을 따기 위한 선수들의 필사적 노력을 생각하면 우리나라 기업의 현실 인식은 그야말로 초라한 수준이다. 기후 시계 Climate Clock에 따르면 1.5°C 상승까지 우리에게 남은 시간은 고작 6년하고도 125일뿐이다.

삼성의 해외 사업장은 벌써

왜 우리나라 기업의 RE100 참여율이 이토록 낮은 걸까? 미래 감각이 떨어진다거나 국제적 트렌드를 몰라서는 아닐 것이다. 실마리는 석탄 발전 의존도에 있다. 국내의 석탄 발전 비중은 전체의 35.6%로 신재생에너지 6.6%에 비해 압도적 수준이다. 그야말로 석탄 중독 상태다. 환경과 기후에 무지할 당시 우리 정부는 저렴한 가격에 눈이 멀어 석탄 발전소를 무지막지하게 지어댔고(심지어 지금도 7기를 추가로 건설하고 있다), 그것이 현재의 재생에너지 공급 품절 상태를 만들었다. 말 그대로 물건을 사고 싶어도 재고가 없으니 가질 수 없다는 것. 우리나라 기업 입장에서는 애플 같은 영향력 있는 회사가 반강제적으로 RE100을 요구하는 마당에 정작 이를 충당할 재생에너지가 없으니 진퇴양난에 빠진 셈이다. 실제로 2018년 국정감사에서 삼성전자의 김석기 부사장은 "왜 해외 사업장에서는 RE100을 하면서 국내에선 하지 않느냐"는 국회의원의 질문에 해외에서는 환경 단체와 고객, 투자사들의 압력이 강해 시행할 수밖에 없는 반면, 국내에서는 아직 제도와 인프라를 갖추지 못했기 때문이라고 대답했다. 실제로 삼성의 해외 사업장 재생에너지 전환율은 92%에 이르렀으며 곧 100% 달성을 눈앞에 두고 있다.

한국은 거대한 비용을 치르게 될 것이다!
조기 사망자

앞서 한국은 석탄 발전소 7기를 신규로 짓는다고 살짝 언급한 바 있다. 석탄 발전소는 전 세계적으로 폐쇄되어 근현대사 박물관의 유물로 들어가는 수순을 밟고 있는데, 우리나라만 싸구려 타임머신을 탄 듯 과거로의 여행을 하고 있다. 국내외 여러 단체의 반대에도 불구하고 정부는 석탄 발전소의 경제적 타당성을 고려한 결정이라며 일축한다. 하지만 국내외 전문가의 의견은 정부의 입장을 정면으로 부정한다. 글로벌 에너지 컨설팅 기업 우드 매킨지는 '균등화 발전 비용'에 의거해 2021년을 기점으로 석탄 발전과 재생에너지의 단가가 동일한 수준에 이르며, 2030년에는 재생에너지의 단가가 30% 더 저렴해진다고 밝혔다. 여기서 균등화 발전 비용이란 환경과 사회에 끼치는 영향을 모두 포함한 비용을 말하는데, 우리 정부의 경제적 타당성이란 이러한 영향을 전혀 고려하지 않은 계산이라는 것이다. 그러니까 석탄 발전이 얼마나 많은 비를 내리게 하고, 얼마나 지독한 가뭄을 지속시키고, 얼마나 많은 기후 난민을 만들고, 사람들의 소중한 목숨을 얼마나 앗아갈지 전혀 고려하지 않았다는 분석이다. 국제 에너지청정대기연구센터 CREA는 우리나라에서 1983년부터 현재까지 석탄 발전으로 인해 1만 3000명이 조기 사망했고, 2054년까지 2만 2000명이 추가로 사망할 거라고 추산했다. 특히 석탄 발전소가 밀집된 서해안을 비롯해 그와 인접한 수도권과 서울 시민이 직접적인 영향을 받으며, 그중에서도 어린이와 임산부의 피해가 가장 클 것으로 예상했다.

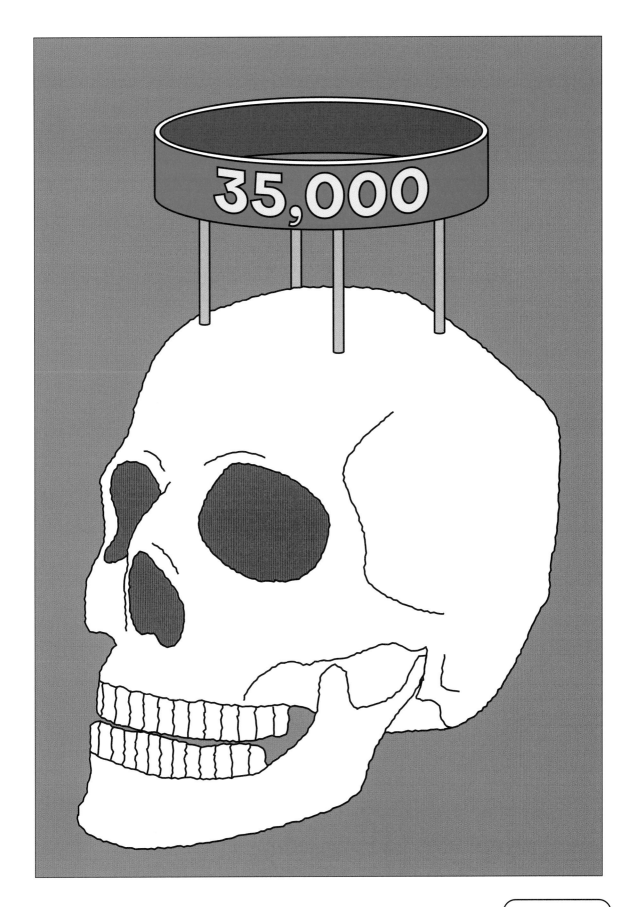

OFFGRID
HOUSE

전기도 물도 없는 곳에서
하룻밤

오프그리드 Off-Grid는 정해진 규격에서 벗어난
자급자족적 라이프스타일을 말한다.
겨울에는 보일러를 틀고 여름이면 에어컨을 켜는
생활에 익숙한 우리가 네모난 아파트를 벗어난다면
어떤 상상이 가능할까?

GRID : 1. 격자무늬 2. 격자판 3. (지도에서 위치를 나타내기 위한) 기준선망

NOW

EDITOR. Jiyeong Kim

01 PHOENIX EARTHSHIP IN TAOS, NEW MEXICO

미래에서 오셨나요? 우주선을 타고 누리는 사막 속 낙원

INFORMATION

주소 2 Earthship Way, Tres Piedras, NM 87577
구조 침실 3, 화장실 2, 주방, 다이닝 룸, 거실
가격 1박 250달러(East Wing, 2인 기준), 415달러(독채 전체, 6인 기준), 1주 1345달러
홈페이지 earthshipbiotecture.com/
문의 info@earthshipbiotecture.com, 575-751-0462

©Phoenix Earthship

뜨거운 햇볕과 강하게 부는 모래바람 속 사막에 불시착한 우주선이 있다면 이런 모습이지
않을까? 바다에서 떠밀려온 최후의 방주 같기도 한 이곳은 실제로 문명과의 연결 없이
자급자족이 가능한 오프그리드 하우스다. 미국 뉴멕시코주의 사막 도시인 타오스에
견고하게 자리 잡은 'Earthship(지구선)'은 괴짜 건축가이자 환경 운동가인 마이클
레이놀즈의 주도로 1970년대부터 조성하기 시작해 현재 120여 채가 마을 형태를 이루고
있다. 원한다면 하룻밤 묵거나 어스십의 철학과 자급자족의 집 짓는 법을 배우는 6주
과정의 아카데미에 등록할 수 있다.

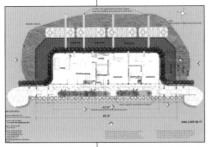

어스십의 원칙 여섯 가지

- 유지비가 들지 않을 것
- 태양광과 풍력으로
  모든 전기를 충당할 것
- 눈과 비로 생활용수를 충당힐 것
- 생활하수를 건강한 방식으로
  처리할 것
- 지열과 태양열을 이용해
  연중 실내 온도를 적절히 유지할 것
- 식량을 직접 생산할 것

CONCEPT

외계의 비행선 같은 건물 외관은 쓰레기와 재활용품을 창의적으로 활용한 결과다. 담은 바람을 막기 위해 단열 효과가 좋은 폐타이어를 쌓아 올려 요새처럼 만들고, 벽돌 대신 유리병으로 건물의 벽을 만들었다. 실내로 들어서면 색색의 유리병이 스테인드글라스처럼 벽에 박혀있다. 영롱하게 반사되어 들어오는 빛을 감상할 수 있다.

STAY

사막에서의 이색적 밤을 원한다면 말발굽 모양의 파란 방주에서 오롯한 단절을 즐길 수 있다. 어스십의 여러 건물 중에서도 게스트용 숙소로 조성한 피닉스는 황량한 사막 한가운데에 있지만, 내부는 무성한 식물로 가득한 정글 모습이다. 실내 온실에서는 바나나와 포도를 따 먹을 수 있고, 거북이와 물고기가 헤엄치는 연못과 분수도 있다. 마음만 먹으면 황량한 사막 뷰를 즐기며 캠프파이어를 즐길 수 있는 이곳, 사막의 오아시스가 따로 없다.

ENERGY SYSTEM

오프그리드라고 해서 세속의 모든 즐거움과 편리를 버려야 한다고 생각하면 그야말로 오산이다. 태양열로 만들어낸 전기로 대형 스크린을 통해 넷플릭스의 최신 시리즈를 밤새 즐길 수 있고, 목이 마르면 차가운 음료를 냉장고에서 꺼내 마실 수 있다. 지구에 미안해할 필요도 없다. 어스십의 모든 것은 순환하니까. 어스십은 빗물과 이슬 등을 모아 생활용수로 쓸 수 있는 자체 물 순환 시스템을 갖추고 있으며, 한차례 내린 빗물은 총 네 번까지 활용할 수 있다. 한 번 사용한 물은 실내 정원에서 자라는 식물한테 주거나 수로로 흐르게 내보내고, 화장실 변기에 사용한 하수는 나무에 비료로 준다. 이뿐인가? 태양열 판과 작은 풍력 터빈을 사용해 전기를 만들고 온수를 데운다. 화석연료나 전기를 사용하지 않고도 내부 온도를 적정하게 유지할 수 있다. 정말이지 이 집을 타고 그대로 우주로 떠나도 될 것 같다.

02 THE OLIVE HOUSES, IN MALLORCA, SPAIN

동굴 속에서의 하룻밤, 바위에 달린 수도꼭지를 틀고 샤워를

INFORMATION

주소	Palma de Mallorca, Spain
구조	침실, 발코니, 욕실, BBQ 공간(면적 25㎡)
가격	프라이빗 운영
문의	Mar plus Ask, Architecture Studio

©Piet Albert Goethals

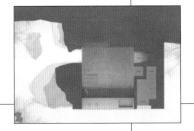

∘ 숙소 안 모든 에너지는 지붕의 태양광
  패널에서 나온다.
∘ 숙소 뒤 자연 온천과 수도를 연결한다.
∘ 천장에는 물을 모으고 정화하는
  수도 시스템을 갖춘다.
∘ 콘크리트 바닥으로 열전도율을 낮춰
  여름에도 서늘한 온도를 유지한다.
∘ 에너지가 많이 드는 설비를
  최소화한다.

CONCEPT

스페인의 마요르카섬에 우뚝 솟은 트라문타나산 중턱에 비밀스럽게 자리하고 있는 올리브 하우스는 거대한 암석이 많은 주변 지형을 고스란히 품고 있다. 돌벽 사이에 파묻혀 있는 작은 나무 문을 활짝 연 게스트는 마치 선사시대 인류의 첫 번째 집이던 동굴 속으로 걸어 들어가는 듯한 경험을 하게 될 것이다. 산의 암석 지형은 고스란히 집의 벽이 되고, 실내 공간에 위치한 암석은 거실 한쪽에 그대로 자리 잡아 하나의 오브제를 이룬다.

STAY

올리브나무에 둘러싸여 있어 올리브 하우스라는 이름이 붙은 이 건물은 벽의 색깔에 따라 다시 퍼플 하우스와 핑크 하우스로 나뉜다. 숙소 내 모든 설비와 가구는 필수적인 것으로만 단순하게 구성되어 있다. 19세기 주방을 연상케 하는 부엌에서는 나무로 불을 직접 때어 요리한다. 산 중턱에 위치해 문밖으로 잠깐 걸어 나오면 아름다운 지중해를 한눈에 조망할 수 있다. 소유주인 건축가 부부가 직접 설계한 이 집은 창조적 활동을 위해 몰입이 필요한 아티스트, 작가, 건축가에게 예술적 안식처가 되도록 프라이빗하게 제공하고 있다.

ENERGY SYSTEM

벽이 없는 곳에서 샤워를 해본 적이 있는지? 걱정할 필요는 없다. 올리브 하우스의 샤워실에는 비록 천장은 없지만 근사한 천연 암벽이 있으니까. 완전한 가림막 역할을 해주는 암벽에 달린 황금색 수도꼭지를 돌리면 물이 쏟아진다. 무려 집 바로 뒤에 위치한 자연 온천과 연결되어 있는 것. 숙소에서 사용하는 모든 전기는 지붕에 설치한 태양광 패널을 이용해 만든다. 하지만 이곳에서는 전기를 쓸 일이 그리 많지 않다. 소박한 부뚜막에서는 불을 지펴 음식을 만든다. 전기라는 에너지원의 존재조차 몰랐던 시절, 불만으로도 충분했던 선사시대 인류의 동굴 속 하루를 현대적 방식으로 경험할 수 있는 숙소다.

03

SLOW CABIN,
IN BELGIUM

아무도 나를 찾을 수 없는 곳에서의 하룻밤

INFORMATION

주소 도착 2주 전 별도로 전달
구조 독채, 방1, 욕실 1, 간이 부엌
가격 주중 175유로, 주말 225유로, 성수기 235유로
홈페이지 www.slowcabins.be/

©Slow cabins

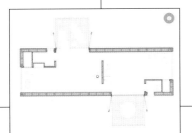

**슬로 캐빈에서 와이파이 없이
할 수 있는 것**

○ 넓은 창밖을 바라보면서 멍 때리기
○ 빗물로 샤워하며 자신이 쓴 물의 양
   체크하기
○ 가이드북에 소개된 트레일 코스를
   따라 걷기
○ 자신만을 위한 앞마당에서 장작불로
   바비큐 즐기기
○ 함께 있는 사람과 깊은 대화하기

CONCEPT

하울의 움직이는 성도 아니고, 움직이는 캐빈이라니! 어느 방향을 둘러봐도 아무것도 없는 초원, 눈밭, 혹은 산속에서 제대로 고립되고 싶은 로망이 있는 사람이라면 이 아이디어에 반할 것이다. 심지어 예약을 마칠 때까지 당신은 이 숙소가 정확히 어디에 있는지조차 알 수 없다. 슬로 캐빈은 당신의 집에서 가까운 장소에 비밀스럽게 배달된다. 벨기에의 아름다운 자연 속 어딘가에 놓인 캐빈을 찾아가는 과정부터 작은 모험을 기대하게끔 한다. 자연을 느리게 즐기길 바라는 창업자의 소망을 담아 2017년 시작한 스타트업 슬로 캐빈은 코로나19 시대를 맞아 더욱 바쁘게 돌아다니며 사람들에게 여유를 선물하고 있다.

STAY

와이파이도 텔레비전도 없는 곳에서 현대인은 얼마나 견딜 수 있을까? 예약 2주 전 당신은 숙소의 위치와 함께 그곳에 머무는 동안 즐길 거리에 대한 정보가 담겨 있는 가이드북을 받는다. 캐빈은 크지 않지만 휴식과 숙면을 위한 섬세한 배려가 묻어나는 곳이다. 34m² 크기의 공간에는 환경친화적 시스템을 적용한 작은 부엌과 건조 욕실, 그리고 방이 하나 있다. 풍경을 오롯이 즐길 수 있는 통창이 무엇보다 완벽한 인테리어다. 원목 바닥과 벽, 단순한 목재 가구를 통해 자연 친화적이고 미니멀한 스칸디나비안 디자인을 흠뻑 느낄 수 있다.

ENERGY SYSTEM

아무리 깊숙한 곳에 덩그러니 숨어 있어도 슬로 캐빈에서는 모든 일상생활이 가능하다. 캐빈의 지붕에는 태양열 패널이 설치되어 있으며, 빗물 여과 정수 시스템으로 물의 자급자족이 가능하다. 방문객의 체크인에 맞추어 완벽히 충전한 태양열 배터리와 정화된 빗물이 가득 찬 물탱크가 마련된다. 이를 이용해 요리, 설거지, 샤워 등을 불편 없이 할 수 있다. 그렇다고 집에서처럼 물을 펑펑 쓰는 사람은 없겠지? 당신이 하루 동안 사용하는 물과 에너지의 양을 숙소 내부의 스마트 디스플레이를 통해 고스란히 볼 수 있다. 스스로 사용하는 에너지를 적극적으로 관찰하며 자신이 자연에 끼치는 영향까지 고찰해본다면 더할 나위 없는 모범 게스트!

FOLLY,
IN MOJAVE DESERT, US

밤하늘의 별을 독차지할 수 있는 사막 속 나만의 다락방

INFORMATION

주소	Twentynine Palms, Joshua Tree National Park, California, United Stats
구조	침실 1, 거실, 주방, 테라스
가격	1박 860달러부터
홈페이지	www.follycollection.com/

©Folly collection

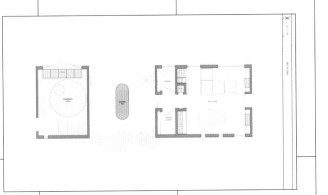

**사막의 오프그리드 하우스에서만
누릴 수 있는 네 가지**

◦ 야외 테라스에서 목욕을 즐기다가
  옷을 걸치지 않은 채로 냉장고의
  음료수를 꺼내러 간다.
◦ 푹신한 침대에 누워 쏟아지는 별을
  보며 잠든다.
◦ 손끝 하나 까딱하지 않고도 최첨단
  오프그리드 시스템을 경험한다.
◦ 바이오 에탄올 벽난로를 바라보며
  불멍을 즐긴다.

CONCEPT

모하비사막 한가운데에 위치한 오프그리드 숙소 폴리는 오프그리드 건축을 연구하는 건축사 사무소에서 1954년에 처음 지었다. 이후 황폐해진 농가를 구입해 추가로 개조했다. 황량한 사막을 닮은 구리빛 파을 덧대어 지은 단수한 거묵 녹슬고 허름해 보이는 외관과 달리 안으로 들어서면 입이 떡 벌어진다. 바이오에탄올 벽난로를 실치한 거실, 식딩, 주빙에 이어 화징실까지 마치 호텔을 연상케 한다. 무엇보다 멋진 건 통째로 열리는 천창이 있는 침실에 누우면 모하비사막의 밤하늘을 그대로 올려다보면서 잠들 수 있다는 것, 이뿐인가? 야외 테라스에 놓인 욕조에 몸을 담갔다가 벽에 붙어 있는 사다리를 타고 올라가면 숨어 있는 테라스가 나온다. 누구의 시선도 없이 자유로운 사막 속 비밀 아지트에서 선명하게 빛나는 별들이 쏟아져 내리는 밤하늘을 여유롭게 즐겨보자.

ENERGY SYSTEM

집 안에서 사용하는 모든 에너지의 소비와 생산 현황을 모니터링 시스템을 통해 확인할 수 있다. 경사진 지붕에 난 환기용 천창은 외부 환경에 반응해 보안과 조명 기능을 한다. 숙소 내 필요한 모든 에너지는 태양광발전을 통해 자체적으로 생산하며, 무엇보다 놀라운 것은 이 모든 시스템이 자동화되어 있다는 점이다. 복잡하거나 어렵게 생각할 필요도 없다. 오프그리드 숙소에 놀러 온 당신은 이 모든 것을 그저 편하게 누리기만 하면 된다.

TOTNES

인구 1만 명의 도시는
어떻게 에너지 자립을 이뤘을까?

10년 만에 전 세계 40여 개국 4000개 마을에 퍼진
21세기 가장 빠르게 성장하는 운동,
TRANSITION. 석탄 없는 세상, 나도 만들 수 있을까?

NOW　　　　　EDITOR. Jiyeong Kim

66
Don't react to change, shape the future,
우리 마을에서는 에너지를 직접 만들고 팔아요
99

에너지란 자고로 어마어마하게 큰 공장에서 석탄을 떼어 만드는 건 줄만 알고 있는 사람들은 모두 주목하시라. 태양광 패널을 올린 지붕이 점점 늘어나고 있지만, 이런 건 나라가 설치하는 거라고 아는 사람도 주목하시라. 영국 남서부의 작을 마을 토트네스 Totnes에서는 주민들이 직접 에너지를 만들고 심지어 판매도 한다! 기술자들이 모여 사는 최첨단 미래 마을이냐고? No! 평범한 사람들이 안내해주는 한적한 시골 거리를 잠시 함께 걸어보자.

영국 데번주, 런던에서 남서쪽으로 360km쯤 떨어진 곳에 세계 최초의 전환마을로 알려진 토트네스가 있다. 마을 중간에는 한눈에 보기에도 유서 깊은 전통을 지니고 있을 것 같은 고성이 마을 전체를 내려다보는 위치에 자리 잡고 있다. 돌을 쌓아 올린 건물들이 즐비한 모습도 정겨움을 자아내 꼭 1000년쯤 전으로 돌아간 것만 같은 느낌을 준다. 아찔하게 가파른 언덕을 올라 메인 로드인 하이스트리트, 일명 전환거리에 닿는다. 이곳에는 다양한 상점이 줄지어 있다. 정육점, 식료품 가게, 채소 가게, 식당은 물론 옷 가게도 여럿 보인다.

평범한 도시 풍경에서 빠진 것이 하나 있다. 그 흔한 체인점이나 패스트푸드 매장을 찾아보기 힘들다는 것. 사실 이 평범해 보이는 가게들도 전환 운동의 한 부분이다. 토트네스는 에너지만 자급자족하는 것이 아니다. 에너지 사용과 관련한 모든 분야에서 전환을 시도한다. 자신이 있는 곳에서 10마일, 즉 16km 내의 거리에서 자원을 구한다는 원칙은 모든 것에 적용된다. 이들이 마을 단위에서 활동하는 것은 그것이 가장 효율적이기 때문이다. 먹을 것, 신발과 옷 등 입고 걸치는 것 모두 마을 안에서 만든 것만으로도 충분하다. 멀리 떨어진 곳에서 생산된 제품을 입고 쓰기 위해서는 그만큼 옮기기 위한 에너지가 또 추가로 들기 때문이다. 첨가물이나 방부제를 쓸 필요 없이 신선한 식품을 먹을 수 있고, 포장이나 운송할 필요가 없으니 그에 따른 비용도 들지 않는다. 하지만 사실 이런 일은 우리가 오래전 이미 해온 생활양식이다.

전환마을은 어떻게 시작할 수 있을까? '선언'하면 된다. 마을 상점과 도서관, 성당, 박물관, 시장 곳곳에서 벌어지고 있는 토트네스의 전환 운동은 2006년 단순한 하나의 선언에서 시작되었다. 더 이상 석유에 의존해서는 안 되겠다는 위기의식이 변화를 만들어보자는 다짐을 이끌어낸 것이다. 여기에 공감한 마을 주민이 하나둘 모여 현재 전환 프로젝트에 참여하고 있는 주민 수는 전체 인구 1만여 명의 약 20%. 전환 프로젝트를 통해 절감한 기구별 에너지 비용은 연간 약 98만 원에 달한다. 탄소 배출량으로 환산하면 가정당 1.3톤을 줄인 것과 같다. 그렇다고 주민 모두가 기후변화에 대해 엄청난 의식을 가지고 있어서 이곳에 모여 살고 있는 것은 아니다. 오히려 생활비를 아낄 수 있다는 이야기에 혹해서 시작한 평범한 주민이 대다수다. 자원 고갈과 기후 위기에 대한 인식이 근간에 있지만, 주민들은 다양한 생각을 가지고 있다. 토트네스의 전환, 에너지 독립이 이렇듯 주민의 일상 속으로 뿌리 깊이 퍼져나갈 수 있었던 것은 오히려 멀게만 보이는 '대의'만을 고려하지 않았기 때문이기도 하다.

현재는 전 세계에서 연간 40만 명이 방문하는 에너지 전환의 대표적 사례로 손꼽히는 토트네스. 명성에 걸맞게 주민이 직접 마을을 안내하고 설명해주는 'Transition Walk'라는 프로그램도 운영하고 있다. 토트네스가 만들어가는 모습이 더 궁금하다면 마을 주민과 함께 산책하면서 느긋하게 동네 곳곳을 직접 경험해보자. 거창하게만 느껴지던 전환 운동이 이곳을 둘러보고 나면 나도 할 수 있을 것만 같은 기분이 들 것이다.

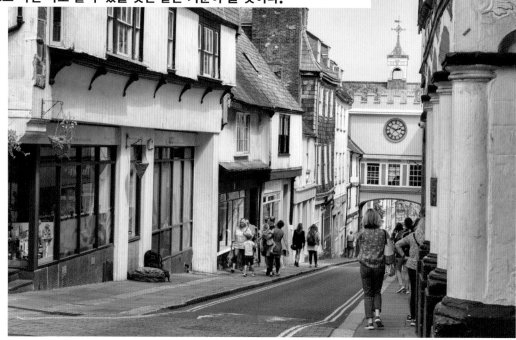

66

조금 더 안으로,
Energy System
in Totnes

99

©C.Tresoc

토트네스에서는 에너지 전광판을 곳곳에서 볼 수 있다. 직접 발전소를 설치한 곳만 해도 벌써 150여 가구. 300가구에 최소 40년 동안 공급 가능한 에너지를 생산할 수 있는 소수력 小水力 발전소도 있다. 이 마을의 에너지 시스템은 나날이 발전하고 있다. 전기가 이렇게 쉽게 만들 수 있는 거였다고? 그렇다. 지금의 경제구조는 사람들 대부분이 소비자로만 존재하기 때문에 생산에 대해 생각해볼 겨를도, 기회도 없다. 토트네스 신재생에너지연합(Totnes Renewable Energy Society, 이하 TRESOC)은 토트네스가 전환을 선언한 첫 번째 마을로서 실제로 에너지로부터 독립할 수 있게 이끈 원동력이다. 토트네스 지역의 신재생에너지 시스템을 이끌어가고 있는 TRESOC의 설립자이자 매니징 디렉터 이언 브라이트와의 인터뷰를 통해 이 마을이 꿈꾸는 미래를 들어본다.

이언 브라이트
IAN BRIGHT

토트네스 신재생에너지연합 매니징 디렉터

토트네스 신재생에너지연합이 하는 일과 내용을 간단히 소개해주겠어요?

토트네스에 기반을 두고 있는 로컬 에너지 컴퍼니로 2007년에 설립했으며, 신재생에너지를 지역 내에서 생산하고 판매합니다. 태양광발전, 풍력발전, 수력발전 등 다양한 기술을 발전시키고 있습니다. 마을 주민들은 TRESOC에 투자하고 해마다 투자 수익을 나눠 받는 식으로 함께하고 있습니다. 현재 550명 정도의 투자 회원이 있고, 94%의 회원이 토트네스 및 반경 10마일 내에 살고 있습니다. 지분은 타인에게 팔거나 양도할 수 없으며, 회사에만 되팔 수 있어요. 지역에서 생산한 에너지와 그로 인한 혜택 또한 지역 내에 제공하도록 하기 위해서죠. 꼭 지분을 투자하지 않더라도 신재생에너지 설비를 설치한 가구도 많고, 관련 교육 등으로 다양하게 주민과 연결되어 있습니다. 현재까지 저희가 추정하기로 100만 kW의 신재생에너지를 만들었고, 이를 통해 480톤의 탄소 배출을 줄일 수 있었습니다.

환경 이슈와 관련해 다양한 조직에서 일해왔는데, 토트네스에는 어떻게 정착하게 되었나요? 토트네스 신재생에너지연합을 시작한 계기도 궁금해요.

이 문제는 제게 평생에 걸쳐 해결해야 할 숙명 같은 것이었어요. 산림학을 전공했고, 평생 환경과 관련한 일을 하고 경력을 쌓아왔어요. 제가 일을 시작한 30여 년 전에도 기후에 대해서는 비슷한 이야기가 있었어요. 하지만 아무도 심각하게 생각하지 않았죠. 그 당시에도 저는 과학자들이 하는 말을 모두 이해했고, 앞으로 손주들이 살아갈 세상을 상상하면 너무나 절망적이었죠.

서머싯 카운티에서 신재생에너지 담당으로 7년간 일하면서 기후변화와 신재생에너지에 대해 더 깊이 접하게 되었어요. 신재생에너지 전략을 연구하면서 깨달은 가장 큰 문제점은 기존 방식의 에너지 생산이 신재생에너지보다 훨씬 싸고 안정적으로 만들 수 있기 때문에 계속 사용한다는 점이었죠. 너무나 단순한 이유죠. 한편 신재생에너지로 전환하는 건 상당히 정치적인 결정이에요. 이 문제를 해결하기 위해 수많은 사람을 만나야 했어요. 사실 토트네스에는 우연히 오게 되었어요. 저는 이곳의 자연환경이 정말 마음에 들었거든요. 조용하고 아름다웠죠. 아내와 가족들도 이곳에 오고 싶어 해서 한참 발품을 팔아 집을 사고 정착했어요. 이미 이곳에서는 기후변화 이슈, 신재생에너지와 관련해 움직임이 조금씩 시작되고 있었지만, 여기 이사 오기 전까지는 저도 거의 몰랐어요. 토트네스의 전환 운동을 공식적으로 시작한 것이 2006년, 트랜지션 네트워크를 설립한 것이 2007년인데요, 타이밍이 정말 멋지죠? TRESOC 또한 여러 논의를 거쳐 2007년에 설립했으니 서로 영향을 주면서 자리를 잡아온 것이죠.

신재생에너지연합은 주민들과 어떤 방식으로 상호작용하나요? 사람들이 처음 어떻게 투자하도록 설득할 수 있었나요?

서머싯 카운티에서 일할 때부터 저는 회사 형태로 만드는 것을 구상하고 있었어요. 에너지를 다루는 콘퍼런스처럼 기회가 생길 때마다 로컬 에너지 회사를 만들고 싶다고 이야기를 해왔죠. 그래야 이윤을 제대로 나눌 수 있거든요. 생각해보세요. 대량으로 에너지를 만들어내는 공장은

모두가 에너지는 필요하지만 자기 지역에
에너지 시설이 들어오길 바라지는 않아요.
하지만 지역에서 만들고 그 이윤도
지역으로 간다면 어떨까요?

지역 환경을 파괴하지만, 그 이익은 공장이 위치한 지역의 주민들에게 돌아가지 않죠. 그러니까 모두가 에너지는 필요하지만 자기 지역에 이런 에너지 시설이 들어오길 바라지는 않아요. 하지만 지역에서 만들고 그 이윤도 지역으로 간다면 어떨까요? 에너지를 가장 효율적으로 생산하고 사용할 수 있으며, 주민들에게도 환영받을 수 있죠. 최소 20파운드부터 투자할 수 있는데요, 당연히 더 큰 규모도 가능하고요. TRESOC에 투자하신 분들 중에는 주주로 참여한 것이 처음인 분도 많아요. 그만큼 지역 내에서 탄탄하게 신뢰를 쌓아왔다고 생각해요.

토트네스에서 만든 에너지는 다른 곳으로 판매하지 않는다고 들었어요. 그렇다면 만들고 지역 내에서 소비하지 못해 남은 에너지는 어떻게 처리하나요?
지역 내에서 소비하고 남은 에너지를 판매하는 비즈니스 또한 확장하기 위한 전략을 가지고 있습니다. 일명 '로컬 에너지 클럽'이에요. 남은 에너지를 본부로 돌려보내는 것이 아니라 에너지가 최대한 효율적으로 분배되도록 지역 곳곳에 에너지를 모을 수 있는 본소를 만들어 저장해두었다가 지역 내에서 필요가 생길 때 바로 전달하는 거죠. 예를 들어 40kW의 에너지를 만들 수 있는 태양광 패널을 지붕에 설치한 가구는 한도 내에서 에너지를 무료로 사용할 수 있고, 가정에서 사용하고 남은 에너지는 팔 수도 있어요. 그리고 에너지를 소비하는 경우에도 로컬 에너지 클럽에 저장된 에너지를 사용할 경우 아주 저렴한 비용에 전기를 쓸 수 있죠. 말 그대로 지역 주민 모두가 신재생에너지 생산에 참여해 돈을 벌 수 있고, 신재생에너지를 손쉽고 저렴하게 사용할 수 있죠.

벌써 15년 넘게 조직을 이끌어왔는데 아직도 하고 싶은 것이 참 많은 것 같아요. 향후 그리는 미래 계획은 무엇인가요?
열정은 넘치지만 벌써 일흔 살이 넘어 솔직히 제가 얼마나 더 일할 수 있을지는 모르겠어요. 정치 조직도 행정도 너무나 보수적이에요. 하지만 저는 지역 주민들의 힘과 잠재력을 믿어요. 우리가 지난 20여 년간 해낸 것에 대해 큰 자부심을 가지고 있어요. 그동안 많은 주민을 설득해왔고 함께 변화를 만들어냈어요. 매니징 디렉터로서 제가 주목하는 것은 지역 정치예요. 이제 신재생에너지는 어디에나 있죠. 커뮤니티 베이스와 주인 의식은 중요한 부분이 될 거예요. 우리는 그 기반을 만들어왔다고 자부해요. 장기적 관점에서 사람들이 커뮤니티의 관점을 점점 더 이해하게 되고, 주인 의식을 더 가지게 된다면 머지않은 미래에 변화는 반드시 일어날 거라고 믿어요.

THE WORLD IS NOW

1.5°C 사수를 위해,
세계는 지금

이렇게 분주히 움직입니다. 자, 당신은요?

NOW

EDITOR. Seohyung Jo

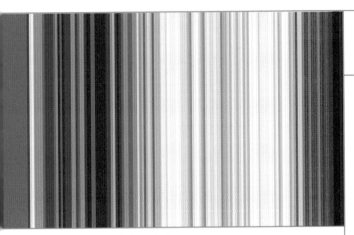

너의 줄무늬를 보여줘

파란색과 빨간색 줄로 가득 찬 이 이미지는 영국 리딩대학 기후과학자 에드 호킨스가 버클리 어스 프로젝트의 수석 과학자 로버트 로드의 도움을 받아 기후변화를 한눈에 느낄 수 있도록 제작한 것이다. 세로줄 1개는 1년을 의미하며 온도 하락은 파란색, 상승은 빨간색으로 나타난다. 기준치에서 차이가 클수록 진한 색을 띤다. 사이트에 들어가 지역 설정을 하면 이미지를 확인할 수 있다.

호킨스는 이 줄무늬 바코드를 록밴드 공연 포스터를 만드는 데나 자동차를 도색할 때도 쓸 수 있다고 말한다. 그만큼 실생활에 적용하기 쉬우면서 지구에 일어나는 일을 명확히 볼 수 있는 자료라는 뜻이다. 실제로 해당 패턴을 뜨개질해 니트로 입거나 목도리로 몸에 둘러 인증하는 사진이 퍼지기도 했다. #ShowYourStripes로 SNS에서 모아볼 수 있다.

친환경 아닌 정수기는 가라, 브리타 어택

끓여 먹자니 번거롭고, 사 마시자니 플라스틱 쓰레기가 많이 나와 고민인 모두에게 브리타 정수기는 해결책이 되어주었다. 브리타 측도 '지속 가능한 방식으로 마시는 물'을 브랜드 가치로 내세웠다.

브리타가 제안한 대로 4주에 한 번 필터를 교체하면서 소비자들은 이내 의문을 가졌다. 여러 소재가 혼합되어 분리배출하기 어려운 플라스틱 필터를 매달 버리고 있는데, 과연 이것이 지속 가능한 방식일까? 브리타 해외 지사에서는 1992년부터 재활용 프로그램을 운영했다는 사실을 알게 된 사용자들이 먼저 움직이기 시작했다. 서명운동을 벌이고 다 쓴 필터를 모아 본사로 보내며 필터 수거 및 재활용 프로그램 시행을 요구하는 '브리타 어택 캠페인'을 진행한 것이다. 이에 브리타 코리아는 공식 입장문에서 "2021년 중으로 필터를 회수해 플라스틱은 재활용하고, 나머지 충전재는 환경에 유해하지 않게 처리할 수 있는 시스템을 준비하겠다"고 밝혔다. 해당 시스템은 준비가 끝나는 대로 브리타 홈페이지와 SNS, 판매 채널을 통해 공유할 예정이다.

CU 편의점 바닥은 커피 찌꺼기에서 왔다

편의점 CU가 일부 점포에 커피 찌꺼기를 업사이클링해 만든 '커피박 덱'을 설치한다. 커피박은 원두에서 커피를 만들고 남은 부산물로, 커피로 추출되는 0.2%를 제외한 나머지 모두가 해당한다. 커피박은 별도의 분류 기준이 없어 일반 생활 폐기물로 배출되는데, 소각하면 1톤당 약 338kg의 이산화탄소가 배출된다. 이처럼 처리 곤란한 커피박으로 만든 덱은 유럽 등에서 이미 상용화한 친환경 자재다. 일반 덱과 비교했을 때 커피박 덱은 쪼개짐이나 뒤틀림 같은 변형이 적고 기온·강수량 등 외부 환경에 대한 내구성이 좋다. 원두의 특성인 방향 및 탈취 효과도 있다. 국내 편의점업계 처음으로 커피박 덱을 도입한 CU는 가맹점 반응 등을 고려해 설치 매장을 확대할 예정이다.

지구 마감일까지 남은 시간을 알려드릴게

헤럴드의 환경 브랜드 헤럴드에코가 지난 6월 10일, 제1회 'H.eco forum 2021'을 개최했다. 이 포럼은 헤럴드가 세계에서 세 번째이자 아시아 최초로 기후위기시계를 서울 용산구 후암동 본사 사옥에 설치했음을 알리는 자리다.

시계가 보여주는 시간은 지금처럼 이산화탄소를 배출할 때 파리기후협약 실행 목표인 1.5°C의 제한을 넘게 되는 시점으로, 7년도 채 남지 않았다. 요컨대 시계는 '지구의 마감일'까지 남은 시간을 가리킨다. 10대 환경 운동가 그레타 툰베리 역시 기후위기시계를 적극 활용하고 있다. 2019년 유엔총회 연설을 앞두고 기후위기시계 제작자 골란과 보이드에게 휴대용 시계 제작을 문의했으며, 이후 꾸준히 기후 위기의 심각성을 알리는 데 사용하고 있다.

시간이 계속 줄어들지만은 않는다. 인류가 내뿜는 배출량이 감소하면 남은 시간이 거꾸로 늘어날 수도 있다. 기후위기시계는 탄소 시계를 만든 독일 메르카토르 기후변화연구소의 정보를 반영해 정기적으로 업데이트된다.

LAMBORGHINI

이 어드벤처 게임은 마다가스카르에 나무를 심는다

'알바: 야생의 모험'은 어스투 Ustwo 게임즈가 개발한 액션 어드벤처 장르의 신작이다. 플레이어는 지중해의 한 섬에 살고 있는 할머니 집에 놀러 간 소녀 '알바'가 되어 동네를 누빈다. 친구와 함께 야생동물을 찾던 알바는 우연히 위험에 처한 동물을 본다. 이후 자연보호구역에 건물을 짓겠다는 발표에 반대 청원서를 만들고, 해변의 쓰레기를 치우고, 다친 동물을 치료하는 등 퀘스트를 해결한다. 게임은 곧 자연을 위해 최선을 다하는 두 소녀의 활동 기록이다. 게임 속 도감과 연동되는 휴대폰 사진 앱은 동물 인식 및 감별 능력이 뛰어나다. 날아다니는 새를 촬영하거나 울음소리를 녹음하는 것만으로도 도감에 정리 및 수집된다. 제작사 어스투 측은 이니셔티브 게임 한 장이 팔리면 나무 한 그루를 심는다. 현재까지 별도 기부를 포함해 나무 70만8666그루를 마다가스카르에 심었다. 최근 정식 한국어판도 출시했다.

2024년까지 람보르기니 모든 라인업 전기화

슈퍼스포츠카 브랜드 람보르기니가 2023년 첫 번째 하이브리드 모델을 선보이는 것을 시작으로 2024년까지 모든 라인업을 하이브리드로 전환하겠다고 선언했다. 제품 전기화를 추진하면서 람보르기니는 역사상 최대 규모인 2조 706억 원의 연구·개발비를 투자하기로 결정했다. 빙켈만 회장은 최고 성능 엔진을 람보르기니 기술의 상징으로 여겨온 만큼 향후 전기화 과정에서도 최고 성능 엔진을 타협하지 않는 것을 최우선 목표로 삼아 고객과 팬을 실망시키지 않겠다고 말했다. 람보르기니는 2015년에 이미 16만 제곱미터에 달하는 산타가타볼로냐 공장에 이산화탄소 중립 인증을 받았고, 생산 시설이 2배로 커진 지금도 그 인증을 지키고 있다.

당근마켓, 우리 동네 친환경 매장을 보여줘

중고 거래 & 생활 정보 애플리케이션 '당근마켓'이 환경의 날을 맞아 친환경 가게 정보를 담은 지도 서비스를 시작했다. 지난해 선보인 '겨울 간식 지도'에 이어 두 번째 '사회적 지도'인 셈이다. 이용자가 자기 주변의 친환경 가게 정보를 댓글로 공유하면 간단한 확인 절차를 거쳐 등록되는 형식으로, 현재까지 총 3816곳이 업로드되어 있다. 친환경 지도에서는 가게 위치와 상호명을 비롯해 해당 점포가 어떻게 환경보호 노력을 해왔는지 등을 확인할 수 있다. 다회용기를 두 팔 벌려 환영하는 가게, 지구에 덜 해로운 물건을 만들거나 사용하기 위해 노력하는 가게, 버려진 물건을 마법처럼 재탄생시키는 가게, 친환경 포장재를 쓰거나 친환경 농산물을 취급하는 가게 등 자신이 발견한 친환경 가게가 있다면 동네 인증 후 직접 소개 글을 등록할 수 있다. 친환경 가게 정보를 나눈 이웃에게는 '동네 환경 지킴이' 활동 배지를 제공한다.

NIKE

나이키, 파인애플잎으로 만든 파인애플 스니커즈 출시

나이키와 편집숍 카시나가 파인애플잎을 재활용해 만든 스니커즈 4종 '파인애플 팩'을 출시했다. 버리는 파인애플잎을 섬유로 만든 소재 '피나텍스'가 그 재료인데 트로피컬 컬러, 파인애플 자수, 그리고 큰 사이즈 유기농 파인애플의 식료품 코드인 '94430'을 새긴 것이 특징이다. 모든 이가 건강한 영양을 누릴 수 있는 세상을 지향하는 돌 Dole의 'Sunshine for all' 기금을 통해 수익금 일부를 아동교육 및 복지 단체에 기부한다. 파인애플 팩의 가격은 16만9000~21만9000원.
한편, 글로벌 비건 스니커즈 시장은 스타트업 기업 올버즈를 중심으로 나이키의 파인애플잎 스니커즈, 아디다스의 버섯 가죽 스니커즈, 구찌의 우드 펄프 스니커즈 등 지난해에 이미 249억 달러 규모를 형성하고 있다.

STARBUCKS

스타벅스 매장에서 사라지는 일회용 잔

스타벅스는 7월 6일부터 제주 지역 4개 매장을 일회용 컵 없는 곳으로 운영한다. 해당 매장은 제주서해안로DT점, 제주애월DT점, 제주칠성점, 제주협재점으로, 이들 매장에서는 일회용 컵 대신 보증금 1000원을 내고 리유저블 컵을 사용할 수 있다. BPA 프리 소재 컵은 영하 20℃부터 영상 105℃까지 견딜 수 있으며, 톨과 그란데 사이즈만 가능하다. 사용한 컵은 스타벅스 매장이나 제주공항에 설치한 반납기에 넣으면 보증금을 돌려받을 수 있다. 회수한 컵은 전문 기관의 외관 상태 확인, 애벌 세척, 소독 침지, 고압 자동 세척, 물기 제거 및 자연 건조, UV 살균 건조 단계를 거쳐 재활용한다. 스타벅스는 오는 10월까지 제주 지역 내 모든 매장에서 일회용 컵을 없앨 예정이다. 제주 지역 23개 전 매장에서 리유저블 컵을 사용하면 연간 약 500만 개의 일회용 컵 사용을 줄일 수 있다.

LEGO

재활용 플라스틱으로 만든 레고 블록

지난 1월, 사탕수수를 원료로 만든 '보태니컬 컬렉션'을 공개한 레고가 친환경 원료 사용에서 한 걸음 더 나아가 페플라스틱 활용 방법을 찾아냈다. 매년 전체 품목 중 55%를 신제품으로 출시하는 레고는 2018년부터 식물, 나무, 바이오 연료, 사탕수수 등 식물성 재료를 시도하고 있다. 기존 블록과도 호환이 가능하면서 내구성 또한 뛰어난 재료를 찾기 위해 전문 인력 150명을 채용하고, 4억 달러를 투자한 것으로 알려졌다. 이들은 안전성과 품질 시험 연구를 거듭한 결과, 3년 만에 1L 플라스틱 음료수병으로 약 10개의 표준 레고 부품을 만들어냈다. 제품을 사용해본 부모와 아이들에게서 긍정적 피드백을 얻은 데 힘입어, 판매 시작까지 약 18개월의 추가 검증 기간을 더 가질 예정이다. 매년 750억 개의 플라스틱 블록을 생산해온 레고는 2030년까지 석유 기반의 플라스틱 생산을 아예 중단할 계획이다.

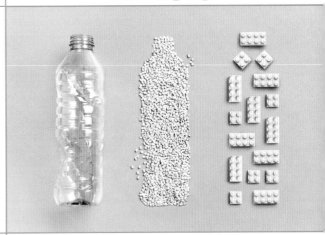

AIRLANDER

하이브리드 비행선의 탄생, 비행기 대체 가능할까?

탄소 배출량이 가장 많은 교통수단인 비행기를 대신할 비행선 '에어랜더10'이 최종 시험 비행을 마쳤다. 이에 따라 항공기 제작사 하이브리드 에어 비히클 HAV은 본격적으로 생산에 착수할 예정이다. 석유를 연료로 엔진을 돌리는 비행기와 달리, 비행선은 헬륨가스를 탱크에 가득 채운 후 부력을 사용해 공중에 뜬다. 길이 92m, 넓이 43.5m, 높이 26m의 거대한 비행선에 3만8000㎥의 헬륨이 들어간다. 넉넉한 공간에 객실도 여유롭고 창문 크기의 개수를 극대화해 도시 야경을 여유롭게 살펴볼 수 있으며, 한번 뜨면 5일간 하늘에 머물 수 있어 공중 유람선 역할도 한다. 또한 수직 이착륙이 가능해 대규모 활주로도 필요 없다. 기존 비행기가 다니지 못하는 빈하 지대, 사막, 호수, 도심까지 갈 수 있다. 다만, 비행기외는 속두에서 차이가 난다. 일반 여객기가 시속 700~1000km인 반면, 에어랜더10의 최고 속도는 시속 130km에 불과하다.

치킨 없이 만든 '노치킨 너겟', 3개월 동안 30만 개 판매

대체육 산업이 육류 소비 문제의 대안으로 주목받고 있는 요즘, 신세계푸드 노브랜드 버거에서 닭고기 대체육으로 '노치킨 너겟'을 만들었다. 밀가루 옷을 입혀 튀긴 너겟 형태로 대체육을 처음 접하는 소비자에게도 부담이 덜한 게 특징이다. 해당 제품은 지난 4월 출시 한 달 만에 누적 판매량 10만 개를 돌파한 데 이어 2차 판매 한 달 반 만에 또다시 20만 개를 완판했다. 이는 하루 평균 약 3000개에 해당하는 양으로, 당초 예상한 판매 속도의 3배가 넘는다. 노치킨 너겟은 영국 대체육 브랜드 퀸QUORN의 '마이코프로틴'을 활용했는데, 조직 구성이 가느다란 형태를 띠고 있어 닭 가슴살과 비슷한 식감을 낸다. 가격은 한 팩에 2900원.

우리는 그 일이 일어날 거라는 사실을 모르기 때문이 아니라,

1.5°C

그런 일이 일어나지 않을 거라는 막연한 믿음 때문에 위험에 처한다.

작가, 마크 트웨인 MARK TWAIN

전기가 없어도 스튜는 끓습니다

PEOPLE

EDITOR. Kuntae Kim / PHOTOGRAPHER. Jinkyung Na

일본 최고의 발명가 후지무라
야스유키를 말할 때 꼭 따라붙는
수식이 있다. 전기를 사용하지
않는다는 의미의 '비전화非電化'
발명가가 바로 그것이다.
19세기 발명왕 에디슨만 하더라도
전기를 활용한 수많은 발명을
해왔는데, 그보다
100년 뒤 미래의 사람이
문명의 혜택인 전기를
마다한다는 건 어떤 의미일까?

후지무라 야스유키
FUJIMURA YASUYUKI

발명의 전환점에 아이가 있다는 이야기를 들었어요. 어떤 사연인가요?

아들에게 천식이 생긴 이야기예요. 공기가 깨끗한 해변가에 살고 있음에도 아들에게 천식 증상이 나타난 거예요. 정말로 놀랐어요. 천식은 공기가 탁한 공업 도시에서나 생긴다고 믿었거든요. 알고 보니 생활하는 집 안의 진드기와 곰팡이가 원인이었어요. 그때 우리 아들뿐 아니라 세계의 많은 아이가 천식으로 고생하고 있다는 사실도 함께 알게 됐어요. 안 되겠다 싶어 아이들의 천식 발작을 막기 위한 연구를 거듭했고, 실내 환경을 개선할 이온식 공기청정기를 발명했죠.

저런, 아드님의 건강은 좀 나아졌나요? 자신을 위해 새로운 물건을 발명한 아버지에게 아이가 어떤 말을 하던가요?

다행히 아들의 천식은 나아졌어요. 발작도 멈췄고요. 하지만 공기청정기를 발명할 당시 아들이 세 살에 불과했기 때문에 특별한 대화를 나누지는 못했네요.(웃음)

아이를 위해 발명한 이후에 발명가로서 달라진 부분이 있나요?

이전까지는 대기업의 연구실장으로 하이테크 발명에 몰두했어요. 기업의 이윤을 위해서 일하는 사람이었죠. 하지만 아들의 천식을 계기로 '환경과 아이의 건강'에 초점을 맞춘 발명을 하게 됐고, 1984년부터는 회사를 그만두고 독자적 활동을 시작하게 됐어요.

현재 운영하는 곳의 이름이 '비전화공방非電化工房' 이지요? 비전화라는 게 어떤 의미인가요?

2000년부터 비전화 제품을 만드는 데 몰두했어요. 비전화 냉방기, 비전화 냉장고, 비전화 제습기, 비전화 청소기 등 전기를 사용하지 않고도 기존의 편리함과 쾌적함을 누릴 수 있도록 하는 제품을 말해요. 전기 사용을 무조건 부정하는 것이 아니라 "전자 제품과 비전화 제품 중 원하는 쪽을 고르세요" 하고 선택의 폭을 넓혀주는 거죠.

이제껏 발명한 비전화 제품 중 가장 자랑하고 싶은 것을 딱 하나만 고른다면 무엇인가요?

발명가란 모든 발명품을 동등하게 사랑하기 때문에 어느 것이 최고라고 생각해본 적은 없어요. 다만 조금 다른 의미로 선택하자면 몽골의 유목민을 위해 만든 비전화 냉장고를 고르고 싶네요. 제가 만난 유목민들은 양고기와 양젖을 주식으로 생활하는데, 한 가족이 일주일간 먹을 수 있는 양 한 마리가 3일이면 썩어버린다며 어찌할 바를 몰라 하더라고요. 그들의 사연을 듣고 연구 끝에 전기가 필요 없는 냉장고를 발명했죠. 양고기도 양젖도 더 이상 썩지 않게 되자 눈물을 흘리며 기뻐하던 그들의 모습이 아직 생생하네요.

전기가 필요 없는 냉장고는 상상해본 적이 없어요. 어떤 원리로 작동하나요?

방사 냉각이라는 원리예요. 박스 상부에 부착한 필름이 박스 내부의 열을 흡수해 복사에너지로 방출하는

저는 다만 이렇게 말할 뿐이에요.
"전자 제품도 있지만 여기 지구를
위한 비전화 제품도 있습니다.
당신이 원하는 것을 선택하는 게 어떤가요?"

손발을 사용해 배우는 기쁨,
조금 느리더라도 모두 힘을 합쳐
무언가를 이뤄내는 즐거움,
서로 사랑하는 연인과의 관계,
오감을 일깨워 감성으로 느끼는
자연···. 그런 것들이 행복의
중심에 있다면 어떨까 해요.

방식이죠. 물체 표면의 적외선이 우주를 향해 방사되면 물체 온도가 내려가고, 동시에 외부에서 열이 들어오지 않도록 차단해 낮은 온도를 유지할 수 있는 거예요.

몽골의 경우처럼 전기를 사용하기 힘든 여러 나라를 방문해 발명품을 소개했다고요?

2000년대 초반에 중국과 인도, 아프리카, 브라질, 페루 등 당시만 해도 개발도상국이라 부르는 나라들을 주로 방문했어요.

당시 비전화 제품을 보면서 사람들이 어떤 반응을 보이던가요?

늘 비슷했어요. 환호보다는 반발이 앞섰죠. "선진국은 전기를 마음껏 사용하며 편리함을 누리면서 빈곤한 나라는 불편한 채로 살라는 말인가!" 하고요. 아무래도 전자 제품에 대한 동경이 있었기 때문이겠죠. 하지만 저는 언젠가 받아줄 곳이 있다고 생각했고, 그러던 중 만난 것이 앞서 말한 몽골 유목민이었어요. '몽골 비전화 프로젝트'의 성공 후에는 제 활동이 세계 곳곳에 알려져 많은 나라에서 자발적으로 요청이 들어왔죠.

몽골같이 자연과 공생하며 생활하는 나라에 비전화 제품이 더 많이 보급되어야 한다고 말한 걸 봤어요. 그 이유는 무엇인가요?

전기 사용이 자유로운 선진국은 이미 전자 제품에 너무 오래 길들여져 있어서 변화하기 매우 힘들어요. 반면 전자 제품에 익숙하지 않은 나라는 비전화 제품에 대한 거부감이 덜하죠. 또 비전화 제품은 아주 간단한 기술력만 있으면 큰 비용을 들이지 않고도 제조할 수 있다는 장점이 있거든요. 조금 더 효율성을 높인다면 외국에 수출하는 하나의 산업으로도 발전할 수 있겠죠.

저는 전기 사용이 자유로운 나라에서 태어나 비교적 풍족하게 생활하는 사람이에요. 그 흔한 냉장 시설 하나가 없어 생계가 흔들린다는 몽골 유목민의 이야기를 들으니 왠지 모를 죄책감이 느껴졌어요.

사실 그건 전기 사용량이 많은 나라의 사람이라면 누구나 느낄 만한 문제 같아요. 저 역시 지구환경을 파멸 직전까지 파괴해버린 세대의 한 사람으로서 책임을 통감해요. 그로 인해 절망감에 사로잡힐 때도 있습니다만, 그런 때일수록 절망하는 건 아직 이르다고 생각하는 편이에요. 지구를 위해 내가 할 수 있는 일을 찾고, 산처럼 많은 실천을 조금씩 해나가는 것이 저의 사명이라고 믿어요.

아무래도 그게 자연스러운 반응이겠죠? 하지만 한편에서는 왜 전기 사용을 줄여야 하는지, 왜 죄책감을 느껴야 하는지 반발하는 사람들도 있어요. 그들을 마주했을 때 어떤 대화를 나누나요?

저는 비전화 제품 사용에 반대하는 사람들에게 굳이 강한 목소리를 내지 않아요. 발명가로서 새로운 선택지를 제공할 뿐, 이것이 맞다 혹은 저것이 틀리다 설교하는 일은 제 몫을 넘어서는 일이겠죠. 저는 다만 이렇게 말할 뿐이에요. "전자 제품도 있지만 여기 지구를 위한 비전화 제품도 있습니다. 당신이 원하는 것을 선택하는 게 어떤가요?" 그리고 그저 이렇게 덧붙이죠. "만약 당신이 보온 조리기로 스튜를 만든다고 할 때, 냄비에 열을 가하면 10분이 채 되기 전에 끓어올라요. 스튜가 끓기 시작하면 가스레인지에서 내려 진공 단열 용기에 넣어두세요. 그러면 30~40분 안에 음식이 완성되며, 1~2시간 지난 후에도 따뜻한 스튜를 즐길 수 있어요. 가스레인지만 사용했다면 무려 40분 동안 불을 사용해 가열해야 할 일이에요. 심지어 가열을 멈추면 금세 식어버리지요. 반면 비전화 제품을 사용하면 항상 따뜻한 스튜를 즐길 수 있습니다."

애써 주장하지 않고 더 나은 결과를 직접 보여주는 거네요. 하지만 더 많은 사람을 설득하기 위해선 뭔가 근본적 이점이 있어야 하지 않을까 싶어요. 일정 부분 불편함을 감수하면서도 비전화 제품을 사용했을 때 우리가 얻을 수 있는 것은 무엇일까요?

우선은 비전화 제품을 사용함으로써 환경 부하를 줄이는 데 공헌할 수 있다고 생각해요. 불필요한 전기 사용을 줄여 지구온난화를 막는 일이죠. 당장 눈에 보이는 효과는 미미하더라도, 한 사람이 전기 사용을 줄이면 그 한 사람만큼 지구기 니이지는 기예요. 또 전기세를 절감하는 경제적 효과도 기대할 수 있겠죠. 무엇보다 비전화 제품을 사용할 때만 누릴 수 있는 행복이 있다고 생각해요.

행복요?

쾌적함과 편리함, 스피드만이 행복(풍족함)을 규정하는 전부라면 전자 제품을 사용하면 할수록 인간은 행복해지겠지요. 하지만 저는 행복은 다른 데 있다고 믿습니다. 손발을 사용해 배우는 기쁨, 조금 느리더라도 모두 힘을 합쳐 무언가를 이뤄내는 즐거움, 서로 사랑하는 연인과의 관계, 오감을 일깨워 감성으로 느끼는 자연···. 그런 것들이 행복의 중심에 있다면 어떨까 하고요. 불안과

초조함, 욕망으로 질척거진 마음이 아닌, 온화함과 기쁨으로 충만한 마음이 곧 행복이었으면 합니다. 비전화 제품을 사용하면 얻을 수 있는 게 바로 그런 것들이겠지요. 그래서 저는 한 명이라도 더 많은 사람이 행복했으면 좋겠다는 마음으로 발명을 계속하고 있어요.

저도 그 행복을 직접 체험해보고 싶네요. 어떻게 하면 되나요?

일본 나스 지역에서 비전화공방을 운영하고 있어요. 비전화공방은 '에너지와 돈에 의존하지 않는 풍족함'을 실현하기 위한 제품과 라이프스타일을 제안하는 공간이에요. 이곳을 방문한 사람들은 비전화 제품을 직접 사용하며 삶의 풍족함을 체험하고 돌아가지요. 지금 이곳에서 저는 다섯 명의 제자와 함께 생활하고 있는데요, 그들은 이곳에서 자신이 먹을 것, 살 집, 사용하는 에너지를 스스로 만들어내는 힘을 길러요. 지금까지 1200명 정도의 제자가 이곳을 거쳐갔네요. 혹시 관심이 있나요?

제자가 되는 것은··· 조금만 더 생각해볼게요.(웃음) 혹시 다른 평범한 방법은 없나요?

저희 비전화공방에서는 매달 숙련된 기술자를 초청해 정교한 물건을 만드는 워크숍을 개최해요. 손으로 만드는 일에 관심이 있다면 이것을 이용하면 좋겠네요. 또 순수 방문자를 위한 견학을 진행하기도 하고요. 만약 이런 체험들이 부담스럽다면 비전화 카페에 들러 비전화 커피를 마셔보길 추천해요. 전기를 사용하지 않는 카페지만 여름엔 시원하고, 겨울엔 따뜻한 구조로 지은 공간이에요. 비전화 카페에 들른 사람들은 "에어컨을 사용하지 않는데도 어쩐지 더 시원한 것 같다" 하고 말해요. 아마도 이곳의 공기가 맑아서 더 그렇게 느끼지 않을까 싶어요. 기회가 된다면 꼭 한번 방문해주세요.

느리지만 풍족한 삶을 위한
발명왕의 야심작 여섯 가지

1.

커피 로스터

'3분 만에 원두를 골고루 맛있게 볶는다'라는 포부로 만든 커피 로스터다. 열전도율이 높은 알루미늄 용기에 원두를 넣고 가스레인지에 올려 직접 가열하는 방식이다. 용기 한 면에 작은 구멍을 내어 원두가 타는 것을 막았다. 손잡이의 길이감이 적당해 가볍게 흔들기만 해도 원두가 골고루 볶인다. 커피를 싫어하던 후지무라 선생의 아내는 이 발명품을 만난 후 커피 애호가가 됐다.

2.

라디오

본체의 손잡이를 돌려 전기를 발생하는 라디오다. 라디오 하나가 얼마나 한다고 이런 물건을 만드는가 싶지만, 건전지 하나도 구하지 못하는 사람들을 위해 꼭 필요한 발명이다. 실제 영국의 한 구호단체는 아프가니스탄 난민 아이들이 BBC 교육 방송을 청취할 수 있도록 수동식 라디오를 선물했다고 한다.

3.

제습기

"한 번도 안 써본 사람은 있어도, 한 번만 써본 사람은 없다"는 물건이 바로 제습기다. 제습기 없는 여름은 팥 없는 빙수요, 우유 없는 라테다. 하지만 제습기나 제습제를 만드는 데 사용하는 전력 소비량은 결코 무시할 수 없다. 비전력 제습기는 여과지에 염화칼슘을 적셔 습기를 빨아들이는 원리로 작동한다. 이틀에 1.5L의 제습 효과를 보이며, 이는 5평 정도의 방에서 사용하기 적당한 양이다. 햇볕에 말려 반영구적으로 사용할 수 있어 친환경적이고 경제적이다.

4.

면도기

"수염은 기특하게도 매일 자란다. 나이가 들수록 더 빨리 자란다. 왠지 기분이 좋아서 천천히 깎는다."
후지무라 씨는 면도에 진심인 편이다. 그는 오래된 영화 속 배우의 면도 장면을 따라 하다 피투성이가
되었다는 사연을 공개하며 이 제품을 소개했다. 4단 속도 변환기가 장착된 태엽식 면도기로, 그립을
잡으면 칼날이 회전하며 수염을 깎아낸다. 마이크로 센서로 농삭을 자동 세어하는 면도기를 출시한
현재, 그는 자신의 고십블 일송의 '반항'이라고 표현한다.

5.

탈곡기

손잡이를 돌려 겨를 분리하는 수동 탈곡기다. 즉석 밥을 전자레인지에 돌려 먹는 것이 익숙한
세대에는 낯선 제품이다. 마트에 가면 손질한 쌀을 구입할 수 있다고 반박할 수도 있겠다. 하지만
후지무라 씨는 쌀을 현미나 백미 상태로 보존하려면 저온 저장이 필요한데, 이때 소모되는 전력량이
원자력발전소 1.2기에 해당하는 양이라고 주장한다(일본 기준). 당장 이 탈곡기 하나로 세상을 바꿀
수는 없겠지만, 작은 실천들이 모여 큰 변화를 가져올 수 있다고 그는 믿는다.

6.

에센셜 오일 증류기

첨가물을 섞지 않은 자연 재료를 이용해 에센셜 오일을 추출하는 제품이다. 복잡한 구조와 원리에
비해 조작은 간단하다. 뜨거운 증기가 식물에 열을 가하면 휘발성 에센셜 오일이 증기와 함께
방출되고, 물과 분리된 오일을 용기에 담아내기만 하면 된다. 민트로 만든 모기 퇴치 스프레이나
은은한 향기를 내는 장미 스킨이 특히 인기다. 사람들이 꽤나 좋아하는 제품이지만 그는 제작하기
쉽지 않다며 머뭇거리는 눈치다.

INFOMATION

비전화공방

주소	2783 Terakohei, Nasu, Nasu District, Tochigi 329-3222, Japan
홈페이지	www.hidenka.net
문의	info@hidenka.net

66
굴리고 저어야
가는 여행
99

PEOPLE

EDITOR. Seohyung Jo / ILLUSTRATOR. Nammyung Kim

이준규는 자전거로 서울에서 리버풀까지 1만7910km를 움직였다. 그다음엔 카약을 타고 다뉴브강 2500km를 종주했다. 어떤 동력에도 의지하지 않았고, 오직 자기 몸 하나만 믿었다. 매일 체력의 한계를 느꼈고, 고약한 자연의 맨얼굴을 속속들이 마주쳤다. 여행을 마친 그의 모든 게 변했다. 사는 곳, 하는 일, 먹는 음식 그리고 상상하는 미래까지.

Passau
GERMANY

굶주린 카약

카약 여행 6일째 되는 날이다. 마트를 찾지 못해 식량이 다 떨어졌다. 어제저녁은 인스턴트 스파게티 1인분을 용준이와 나눠 먹었고, 아침은 뜨거운 커피로 허기를 달랬다. 자전거 여행을 할 때는 배가 고프면 가까운 슈퍼를 찾아갈 수 있지만, 카약은 다르다. 강과 가까운 곳에 슈퍼가 있어야 하고, 근처에 카약을 정박할 곳이 있어야 한다. 하는 수 없이 그늘에서 숨을 고르고 물로 배를 채워가며 다음 도시 린츠까지 힘겹게 노를 저었다.

시골길을 달리는 재미

맑은 공기를 마시며 시골길을 달리면 여행하길 참 잘했다는 생각이 든다. 큰길에서 벗어나 마을로 들어서면 종종 주인 없는 사과나무가 있다. 그럴 때면 자전거를 세우고 사과를 몇 개 딴다. 자리에서 크게 한 입 와삭 베어 물고, 몇 개는 가방에 챙겨 넣는다. 뜨거운 여름을 보낸 사과는 과육이 단단하고 달다.

Riga
LATVIA

Liverpool
Passau
Ulm
Praha
Budapest
Füssen
Constanta
Ufa
Uralsk

비포장도로 따라 덜거덕덜거덕

이 근처에 자전거도로는 없다고 봐도 된다. 트럭 옆에 몸을 웅크린 채 조심스럽게 차도를 달리거나, 운 없으면 비포장도로를 달렸다. 우랄스크에서는 하루 종일 비포장도로만 달린 날도 있었다. 덜덜거리는 핸들을 꼭 붙잡고 12시간 동안 페달을 굴렸더니, 잠자리에 들어서도 속이 덜컹덜컹, 이가 딱딱 부딪치는 것만 같았다.

Füssen
GERMANY

낭떠러지를 구르다

처음으로 사고가 났다. 해 진 다음엔 자전거를 타지 않는 것이 나의 원칙이었기 때문에 여느 때처럼 아침 일찍 여정을 시작한 날이었다. 밤새 내린 서리에 얼어붙은 도로를 간과하고 내리막길을 신나게 내려온 것이다. 카우프보이런에서 당일치기로 떠나온 터라 뒷바퀴에 짐이 없다는 사실을 감안하지 못했다. "어?" 하는 순간 뒷바퀴가 미끄러져 자전거와 함께 낭떠러지를 굴렀다.

죽어가는 불씨를 살린 일기장

부다페스트 근처에 카약을 정박했다. 불을 피우고 나른한 저녁을 즐기려는데, 하늘이 심상치 않더니 소나기가 세차게 내리기 시작했다. 순식간에 모든 게 다 비에 젖었다. 죽어가는 불씨를 살리기 위해 소중한 추억이 담긴 노트를 찢어 태워야 했다. 죽은 나무의 껍질과 가지를 주워다 화력을 더해 겨우 저녁을 해 먹었다. 강에서 씻어온 감자와 버섯을 구워 와인을 곁들여 먹고 나니 금세 기분이 좋아졌다.

Uralsk
KAZAKHSTAN

Budapest
HUNGARY

 **BICYCLE ROUTE**

 **CANOE ROUTE**

페달 한쪽이 빠져버리면

페달에서 끼릭끼릭 소리가 나는 듯싶더니 이내 오른쪽 페달이 빠져버렸다. 정비소가 있을 만한 큰 도시까지는 아직 70km나 남았는데. 하는 수 없이 왼발을 크게 차올리는 식으로 자전거를 탔다. 금방 왼쪽 허벅지가 부들부들 떨려오고 무릎이 시큰거렸다. 그날은 힘들다는 말을 어찌나 많이 했는지, 힘든 것보다 더 힘들 땐 무슨 말을 하면 좋을지 고민될 정도였다.

타이어에 펑크가 나면

자전거의 속도가 좀처럼 나질 않아 돌아보니 뒷바퀴가 터졌다. 목적지까지는 아직 갈 길이 멀었고, 나는 스페어 타이어가 없는 여행자였다. 하는 수 없이 내려서 바퀴에 바람을 넣고 조금 달리다가 멈춰서 다시 바람을 넣었다. 그렇게 가장 가까운 기차역까지 눈물을 머금고 바람을 넣어가며 페달을 밟았다.

 Ulan-Ude

Mongolia

Datong

Incheon

닥쳐올 날씨를 알려드립니다

산도, 높은 언덕도 없는 이곳에선 20km 앞까지 시야가 훤하다. 당연히 구름의 움직임도 잘 보인다. 자전거를 탈 때는 날씨에 예민해지는데, 사막에선 하늘만 보고 일기예보를 할 수 있다. 구름이 꾸물꾸물, 바람이 축축해질 때면 곧 내릴 소나기를 대비해 근처 하수구로 몸을 피한다. 한번은 하수구 안에서 20분 넘게 거센 소나기를 맞았디. 피밋딘 믈이 벌컥 하수구 안으로 쏟아져 들어오기 시작했다. 달리 피할 곳도 없었기 때문에 자전거 위에 올라 앉은 채 비 맞은 생쥐 꼴로 비가 그치기만을 기도했다.

이 길의 끝에 내가 남아날 수 있을까

다퉁은 석탄을 생산하는 곳이다. 이 도시까지 가는 길에는 석탄을 운반하는 화물차들이 빼곡하다. 마스크 없이 자전거를 타느라 매연과 석탄가루를 온몸으로 들이마셔야 했다. 부지런히 페달을 굴리며 움직인 덕에 건강해지려나 했더니, 이러고도 폐 괜찮을까 싶었다. 마스크라도 챙길걸.

66
안녕, 나는 자전거로
여기까지 왔어
99

이준규

자전거 여행자는 종종 들어봤지만, 카약까지 동원한 여행은 생소해요. 어떤 여행이었나요?

235일간 유라시아 무동력 여행을 했어요. 무동력 여행은 화학 연료를 사용하는 동력 기관의 도움을 받지 않고 이동하는 여행 방법이에요. 온전히 몸을 동력으로 활용하는 거죠. 걷거나 헤엄을 칠 수도 있고 저처럼 자전거를 다니니 노를 저어 강을 건널 수도 있어요. 잠은 거의 텐트에서 잤고, 유럽에서는 카우치 서핑 같은 무료 숙소 플랫폼 '웜샤워'의 도움을 많이 받았어요. 비행기나 버스 또는 호텔을 따로 예약할 필요가 없어서 비교적 형식이 자유롭죠.

확실히 자유로울 것 같긴 한데, 고생도 보통이 아니겠어요. 왜 그런 여행을 하게 된 거예요?

군대에서 자전거 여행자들이 쓴 책을 읽었어요. 택꼬의 《떠나지 않으면 청춘이 아니다》와 황인범 작가의 《268 미치도록 행복하다》 같은 책들이었죠. 보는데 제가 다 떨리고 설레더라고요. 멋있기도 하고 그냥 재미있어 보였어요. 자전거는 유리창이 없어서 바깥이랑 바로 연결되잖아요. 길을 따라 천천히 다니니까 마을을 구경하기도 좋고요. 이런 여행이라면 다양한 사람들을 만나서 우정을 쌓을 수 있겠다고 생각했어요. 지나가는 길마다 촘촘하게 추억이 만들어지길 기대했죠.

그래서 전역하고 바로 다녀온 거예요?

아니요, 그러지 못했어요. 하던 공부를 마저 하고 졸업한 다음에야 본격적으로 여행 준비를 했어요.

준비할 게 많았겠어요.

제가 잉글랜드 축구팀 리버풀 FC 광팬이라, 그럼 리버풀까지 가야겠다고 일단 결정했어요. 중고 나라에서 장거리 여행용 자전거를 한 대 사고, 체력 단련을 위해 평소보다 운동을 열심히 했고요. 그거 말고는 별로 준비한 게 없어요. 그냥 길 따라 가면 어떻게 되겠지, 생각한 것 같아요.

앞서 얘기한 황인범 작가는 여행 메이트가 있었던 걸로 알고 있어요. 준규 님은 같이 갈 친구를 찾아볼 생각은 안 했나요?

주변 애들한테 물어보기는 했어요. 다들 취업 준비를 할 때라 시큰둥하더라고요. 일행이 있으면 좋겠지만, 없으니 일단 떠나자 싶어서 혼자 시작했어요. 여행 중에 간간이 그 친구들한테서 연락이 왔어요. "야, 이거 네가 내일 가야 하는 길임. 장난 아닌데?" 구글 맵에서 캡처한 사막 사진 같은 거랑 함께요. 이렇게 구글 맵에서 다 볼 수 있는데, 굳이 가서 무슨 고생이냐고 덧붙이는 친구도 있었고요.

그런 얘길 들을 때 어땠어요? 가뜩이나 자전거 여행은 시간도, 힘도 많이 들잖아요. 내가 왜 사서 고생하나, 이런 생각이 들지는 않던가요?

그렇지는 않았어요. 여행으로 해결하고 싶은 게 있었거든요.

그게 뭔데요?

꿈에 대한 고민을 다시 해봐야겠다고 생각했어요. 저는 치기공학을 전공했어요. 일 배워서 취직하고 잘 살아볼 생각이었어요. 그러다 3학년 때 독일로 인턴을 다녀왔는데, 고민이 되더라고요. 어느 순간 이게 내 일이 아닌 것처럼 느껴지기 시작했거든요. 여유로운 유럽 사람들을 보고 그랬는지, 정직원이 아닌 신분이라 그랬는지 지금도 잘 모르겠어요.
다시 꿈을 찾으려다 보니 어디서부터 시작해야 할지 모르겠더라고요. 그 과정에서 축구가 떠올랐어요. 어릴 때부터 공 차는 걸 좋아했거든요. 축구 팀 운영에 도움을 주고 감독을 돕는 수석 코치가 되고 싶다는 생각이 어렴풋이 늘 있었어요. 코치가 되는 방법은 실 위에서 페날을 밟으며 찾아보자고 생각했어요. 업계 사람들에게 실무를 던져가며 알아갈 계획이었어요. 러시아를 지나 유럽을 다니면서 축구 지도자를 만나 물어보는 거죠. "나는 이 일이 정말 하고 싶어서 한국에서 여기까지 자전거를 타고 왔어. 나한테 조언을 좀 해줄 수 있어? 너희 팀에서 일을 배울 수 있을까?" 당연히 만나는 것부터가 쉽지는 않았지만, 경기장 앞에 죽치고 있다가 관계자를 만나기도 했어요. 일단 필드에 하루빨리 들어와 일을 시작하라고 조언해주더라고요.

무동력 여행의
성패를 가르는 것

66

99

진짜로 여행길에 올라보니 어땠어요? 에피소드가 무지하게 많을 것 같아요. 책에서 보니 추위에 고생을 많이 하던데요.

더위는 어떻게든 참겠는데, 추위는 도무지 참을 수가 없었어요. 우랄산맥을 넘을 때쯤 시베리아에 가을이 왔어요. 산자락을 달리는데 손가락, 발가락이 깨질 것 같더라고요. 방한 준비는커녕 메시 소재 러닝화에 면 장갑이 전부였거든요. 그땐 정말 휴게소만 보이면 일단 들어갔어요. 꼬치구이 숯 앞에 서서 몸을 녹이고 자전거를 타다가 또 휴게소가 보이면 들어가는 식으로 겨우 움직였어요. 눈이 내리면 더 괴로워요. 길이 얼어 미끄럽기도 하지만, 발에 쌓인 눈도 얼어붙거든. 양말이 씻시 않게 뎀을 빌네 싱싱 몱은 새 자진거긐 텄어요.

몸을 계속 움직이니까 더운 게 더 힘들 줄 알았어요.

더울 때는 맥주만 잘 참으면 돼요. 맥주를 마시고 나면 눕고 싶거든요. 맥주 한잔하고 뜨거운 길에 드러누웠다가 잠들어버린 아찔한 기억도 있어요. 그 이후엔 절대로 낮에 맥주를 마시지 않았죠. 계획은 없어도 지킬 건 지키며 안전하게 여행하고 싶었어요.

비가 내리는 날은 어때요?

더운 날엔 비가 오면 오히려 꿀이죠. 앞이 보이지 않을 정도로 내리지만 않는다면요. 한번은 자전거에 펑크가 났는데 마침 비가 쏟아져서 아주 비참한 꼴이 된 적이 있어요. 쫄딱 젖은 채로 다음 목적지까지 자전거를 끌고 갔어요.

매일 몸과 정신을 컨트롤해야 했겠네요.

매일의 컨디션을 결정짓는 것은 크게 두 가지예요. '어젯밤 지붕 아래에서 잤는가?' '따뜻한 물로 샤워를 했는가?' 운 좋게 물을 구해서 몸을 씻고, 쉬는 동안 바람과 추위를 막을 수 있으면 다음 날 몸이 가벼워요.

혼자 해결하고 이겨내야 하는 일투성이네요. 이번엔 즐거웠던 기억을 얘기 좀 해볼까요?

자전거 여행을 하면서 사람을 많이 만날 수 있을 거라 환상을 가지고 시작했다고 했잖아요. 그 환상이 이뤄지는 순간들이 있었어요. 사람들의 도움을 자주 받았고, 인류애가 커졌죠. 제가 이렇게까지 사람을 좋아했던가 하는 생각이 들더라고요.
보통은 인적이 드문 숲에 텐트를 치고 자는데, 여행하다 보면 그럴 수 없는 날도 있어요. 그러면 일단 여기저기 기웃거려요. 누군가 마주치면 짧은 언어로 "여기, 텐트, 괜찮아?" 또는 "물 좀 주세요" 같은 얘기를 해요. 그러면

대부분 흔쾌히 도와줘요. 텐트를 치고 있으면 물과 빵을 가져다주는 사람도 있었고요. 러시아에서는 당근을 받아 먹었는데, 어찌나 달고 맛있던지 이후에도 마트만 들르면 당근을 샀어요. 가방에 넣고 달리다가 꺼내서 간식으로 먹으니 좋더라고요.

예상 밖의 어려운 일이 생길 때마다 고민스러웠겠어요. 사건 해결 능력치가 부쩍 높아졌을 것 같아요.

어차피 리버풀까지 간다는 목표가 정해져 있었으니, 무슨 일이 있어도 해결을 하고 앞으로 나아가야 했어요. 내 힘으로 안 되는 일이면 빨리 도움을 요청해야 한다는 걸 배웠어요. 도와달라고 손을 내밀어야 하는 상황이 쉽지는 않죠. 히지민 위험힐지도 모르는 사람을 미당에 들이고 먹을 길 나누는 건 더 어려운 일이잖아요. 도움받을 때마다 사람 생각을 많이 했어요. 온전히 내 힘으로 하려 했던 여행이지만, 결국 도움 없이는 안 되는구나, 결국은 같이 살아야 하는구나, 나도 누군가에게 도움을 주는 사람이 되고 싶다. 새로운 나라에 들어갈 때면 아무나 붙들고 그 나라 말을 물어봐요. 숫자 1부터 10, 감사합니다, 안녕하세요, 물 주세요, 얼마예요? 텐트 칠 수 있어요? 이런 거요. 수첩에 받아 적은 다음 외웠어요. 같은 의미라도 '생큐'보다 그 나라 말로 고맙다고 하면 더 좋잖아요. 제가 할 수 있는 최소한의 노력을 한 거죠.

카약 타는 일은 어땠어요? 아니, 어쩌다가 카약까지 타게 된 거예요?

자전거로 라인강을 따라 올라갈 때 카약 타는 사람을 본 적이 있어요. 자전거는 하루 종일 허리 한 번 펴기 힘든데, 카약은 몸을 꼿꼿이 세우고 유유자적 흘러가더라고요. 제가 자전거 여행을 마칠 무렵, 용준이라는 고향 친구가 캐나다에서 어학연수를 하고 있었어요. 먼저 만나서 여행하자고 연락이 왔어요. 딱 카약이 떠올랐죠. 자전거 타느라 다리 힘은 다 썼지만, 팔 힘은 쌩쌩했으니까요.

혼자 여행하다가 둘이 되었어요. 뭐가 가장 다른가요?

둘이 좋죠. 일 마치고 집에 왔는데 노닥거릴 룸메이트가 있는 느낌이랄까요.

둘이어서 어려운 건 없었나요?

용준이가 절 많이 배려해준 것 같아요. 제가 여행하면서 고기를 안 먹게 되었어요. 원래도 몸에서 잘 안 받았는데, 굳이 여행하면서까지 먹을 필요가 없겠다고 생각했거든요. 저 때문에 고기를 먹으려면 요리를 따로 해야 했어요. 귀찮았을 텐데 한 번도 그런 내색을 안 했어요. 서로 큰 불평 없이 무난하게 여행했어요.

66
몸을 맞대보니
결국 모두 내 이야기
99

Further On

SCENE #3

책의 아웃트로에 "환경을 주제로 정해놓고 카약을 탔으면 좋았을 것 같다"는 내용이 있어요.

처음 카약을 탈 때는 그저 동쪽으로 가겠다는 계획이 전부였어요. 여행을 하면서 환경 이슈를 몸으로 많이 느끼게 되더라고요. 예를 들면, 노를 젓는데 쓰레기가 턱턱 걸리고, 강에서 샤워하는데 물에 떠 있는 기름이 몸에 들러붙는 것처럼요. 유럽은 환경에 대한 인식도 높고 관련 정책도 잘 마련되어 있다던데, 강이 왜 이리 오염된 걸까? 궁금증이 생겼어요. 다시 다뉴브강을 여행한다면, 주민들 얘기도 들어보고 상황도 자세히 알아볼 것 같아요. 환경적 이유로 시작한 여행은 아니었지만, 자연에 몸을 맞대고 여행하다 보니 생각하지 않을 수 없더라고요. 환경에 관심이 있어서 탄소를 배출하는 교통수단을 배제하고자 무동력 여행을 한 건 아니지만, 자연을 덜 해하는 방법을 실천하고 있다는 걸 알고 나니 자부심이 생겼어요. 알고 시작했다면 더 멋있는 여행이 될 수도 있었겠다 싶었고요.

인스타그램을 보니 달리기하면서 쓰레기를 줍던데요.

여행을 마치고 플로깅을 시작했어요. 여행에서 느낀 것들이 희미해지기 전에 뭐라도 실천하고 싶었거든요. 플로깅은 우리가 버린 쓰레기가 물에 쓸려 바다로 흘러 들어가는 걸 막는 것이 목적이에요. 서울에서 처음 배웠고, 지금 사는 독일 뮌헨에서도 꾸준히 하고 있어요. 이 근처 강물은 모두 다뉴브강과 흑해로 흘러 들어가요. 만들어진 쓰레기는 어쩔 수 없지만 바다까진 가지 않게 하고 싶어요. 평소에 달리기하던 것처럼 날이 좋으면 나가서 뛰고 쓰레기를 주워와요.

여행 마치고 책도 냈잖아요. 책을 써야겠다는 생각은 왜 하게 되었나요?

여행을 준비할 때, 황인범 작가님을 만나 조언을 들었어요. 그땐 "길게 고민하고 준비할 것 없이, 일단 설렐 때 떠나라"는 얘기를 해줬어요. 여행을 마치고 다시 작가님을 만나러 갔더니 이번엔 기록을 정리할 겸 책을 써보라는 조언을 해주더라고요. 수첩에 적어놓은 일기에 살을 붙여 책을 썼어요.

책 판매 수익을 모두 기부했더라고요.

비록 별 계획이나 생각도 없이 시작했지만, 여행하면서 느낀 건 많았어요. 자연은 놀랍도록 아름답고, 이 멋진 지구를 망가뜨리고 싶지 않다는 것, 그리고 내가 받은 도움을 돌려주고 싶다는 것. 인세는 몽골 어린이들의 교육을 돕는 '푸른 아시아 재단'에 기부하고 있어요. 일단 제가 몽골의 광활한 자연환경에 매번 감탄하며 고맙다고 생각했거든요. 척박한 환경에서도 씩씩하게 자라는 몽골 어린이들을 돕고 싶었어요.

준규 님 책을 읽는 사람이 뭘 느꼈으면 하나요? '오, 멋진데? 나도 무동력 여행을 해야겠다' 이런 감정일까요?

아뇨, 저 같은 여행을 하라고 강요하거나 추천도 절대 하고 싶지 않아요. 여행은 각자의 방법이 있고, 그렇게 하는 게 맞을 거예요. 저는 자전거와 카약을 타며 자연과 환경을 생각하고 배우기 시작했지만, 책이나 영화 또는 주변 사람들 얘기를 들으면서 알 수도 있죠. "모두 직접 가서 느껴봐야 합니다!"라고 말하고 싶지는 않아요. 아, 물론 운동을 좋아하는 사람이라면 대추천입니다. 매일매일이 체력의 한계를 느낄 수 있는 짜릿한 기회예요.

여행을 마친 지금은 어디서 뭘 하고 있나요?

지난 2020년 3월에 뮌헨에 왔어요. 수석 코치의 꿈을 꾸며, 동네 축구 클럽에서 아이들을 가르치고 있습니다.

도전해보고 싶은 다른 종류의 무동력 여행이 있나요?

모터패러글라이딩요. 선풍기가 달린 패러글라이딩인데요, 태양광 패널을 설치해 바람과 태양을 동력으로 대한민국 끝에서 끝까지 한번 날아보고 싶어요. 육·해·공 무동력 여행을 완성하는 거죠.

생각하고 있는 다음 스텝이 궁금해요.

개인적으로는 커리어의 발전을 위해 올해 코치 라이선스 수업을 들을 계획이에요. 그 외에는 플로깅으로 생긴 쓰레기를 재활용할 방법을 고민하고 있어요. '프레셔스 플라스틱 Precious Plastic'이라는 단체와 협업해 프로젝트를 기획 중이에요. 플라스틱 쓰레기를 모아 폼 롤러와 마사지 볼을 만들어보고 싶어요. 쓰레기는 제가 얼마든지 뛰어다니며 모을 수 있으니까 단체의 도움을 받아 운동하는 사람이 쓸 수 있는 물건을 만드는 거죠. 지금 제 삶은 모든 게 다 여행의 연장선이에요. 의지하지 않고 내 힘으로 모험한 기억이 하고 싶은 일을 새로 찾는 데 도움을 줬어요. 그리고 지금은 끈기를 가지고 그 일을 해나가도록 하고요. '나는 결국 해낼 것이다'는 믿음도 여행하면서 생겼어요. 살다 보니 그게 되게 소중하더라고요.

Run 4.7 km   **Pace** 6:45 /km   **Time** 31m 52s

Run 4.7 km   **Pace** 6:45 /km   **Time** 31m 52s

Run 9.4 km   **Pace** 5:35 /km   **Time** 52m 47s

Run 6.2 km   **Pace** 5:56 /km   **Time** 37m 13s

Run 6.9 km   **Pace** 5:57 /km   **Time** 41m 23s

Run 6.4 km   **Pace** 5:44 /km   **Time** 36m 59s

Run 4.1 km   **Pace** 6:22 /km   **Time** 26m 30s

Run 7.2 km   **Pace** 5:42 /km   **Time** 41m 27s

Run 6.1 km   **Pace** 6:05 /km   **Time** 37m 30s

Run 4.1 km   **Pace** 6:37 /km   **Time** 27m 27s

Run 3.3 km   **Pace** 6:08 /km   **Time** 20m 50s

Run 7.2 km   **Pace** 6:30 /km   **Time** 46m 51s

똑똑한 집과
떳떳한 가족

PEOPLE

EDITOR. Seohyung Jo / PHOTOGRAPHER. Juyeon Lee

많은 돈을 쓸 이유도,
전기를 안 쓸 필요도 없다.
이 저에너지 주택은 알아서
가져다 쓰고 아껴서 쓴다.
자연 속에 집을 짓고,
도시 버금가는 편리함을
바라던 가족이 찾은 해답을
살펴보자.

에너지 자립도의 비결

이 집의 에너지 자립도는 90%에 달한다.

1.

태양광 패널

집 설계 단계부터 마을 전체 세대의 지붕에 **3kW** 용량의 태양광 설비를 갖췄다. 태양광 패널과 같은 색으로 지붕을 만들어 보기에도 나쁘지 않다. 효율성을 위해 마을의 모든 지붕은 남향이며, 단층집은 층고를 높여 그늘이 지지 않도록 했다. 그렇게 한 달 평균 **180kW**의 전기를 만든다. 넉넉히 사용하고도 남을 때가 많다. 남은 전기는 한국전력 전력계통으로 송전해 전기세를 절감하고 있다.

2.

지열 보일러

도시가스가 들어오지 않는 시골에서는 어떤 보일러로 온수 사용과 난방을 해결할지 고민이 필요하다. 예꽃재 마을은 예외 없이 세대당 **17.5kW**씩 총 **560kW**의 지열 설비를 갖췄다. 지열은 토양, 암반, 지하수가 가진 열에너지로 날씨의 영향을 크게 받지 않고 안정적으로 활용할 수 있다. 마을에서 LPG 가스통이나 도시가스 배관은 볼 수 없다.

3.

삼중창

예꽃재 마을은 젊은 부부들의 한정적 예산을 고려해 기밀과 단열 같은 기능에 우선 집중했다. 열효율이 좋은 목조 자재를 사용했고, 미국식 삼중창을 활용해 내단열과 외단열에 신경을 썼다. 이러한 제품과 기술을 적용해 준패시브 하우스 수준인 에너지 효율 2등급 판정을 받았다.

목련, 매화

마을이 생각한 것보다 좀 더 외진 곳에 있네요.
주변이 호수랑 산뿐이죠? 커피 내려줄게요. 땀 좀
식히세요.

**언뜻 구경했는데 동네가 정말 깨끗하고 생기 넘쳐요.
어떻게 이런 데를 알게 되었어요?**
저희 둘 다 충남의 시골 마을 출신이에요. 이 근처에서 쭉
살지는 않았어요. 스무 살 때 대학을 서울로 가면서 거기에
자리를 잡고 공방을 차렸죠. 한 10년 정도 살았어요. 그때
작업실은 문을 열면 8차선 도로가 펼쳐지는 상가
1층이었어요. 그야말로 도시 환경 그 자체였죠. 그러다
보니 초록빛 자연이 늘 그리웠어요. 결혼하고 아이가
생기자마자 서울 생활을 접었습니다.

오, 결단력 있네요.
머뭇거리기는 했어요. 갤러리도 사람도 모두 서울에
모여 있으니까요. 작업실도 겨우 자리 잡고, 전시회도
연달아 열었는데, 그걸 다 내려놓는 게 가장 어려웠어요.
부릉 하고 멋지게 시동이 걸린 차에서 혼자 뛰어내린 것
같았어요. 허탈해하며 터덜터덜 걸었지만, 기분은 나쁘지
않았어요.

서울에서 이 집으로 이사를 온 건가요?
아뇨, 맘에 드는 집을 찾아 한참을 헤맸어요. 처음에는
천안의 아파트에 살다가, 좀 더 한적한 마을의 주택에
살다가, 마지막에 이곳 예꽃재 마을로 들어왔어요.

**자연과 가까워지는 것 말고도 고려하는 집의 조건이
있었나요?**
특별히 까다롭게 고르려던 건 아니었어요. 다만 작업실과
아이 키우기에 좋은 동네를 찾느라 오래 걸렸어요.

도시에서 벗어나면 작업하기 좋은 한적한 동네는 많아요.
하지만 그런 마을엔 아이가 별로 없어요. 결국엔 아이가
친구를 찾아 멀리까지 학교와 학원을 다니게 되겠죠.
그리고 저는 아이를 픽업 다니느라 제 일에 집중하기
어려울 거고요. 그 고민을 하던 무렵, 공터에 걸린
플래카드를 보았어요. '마을이 아이를 키웁니다' 뭐 이런
문구였던 것 같아요. 예꽃재 마을이었죠. 여기다 싶어 바로
계약했어요. 그때 율이(아들 서율이의 애칭)가
네 살이었어요. 일곱 살이 되었을 때 입주했고요.

3년이 꼬박 걸렸네요. 왜 그렇게 오래 걸렸어요?
입주할 가족들을 찾고, 집을 짓고, 지원 사업 수속을
밟느라 시간이 많이 걸리더라고요. 그사이에 저희는
아파트에서 나와 임시로 살 전셋집을 구했어요. 일반
주택은 관리하기 어렵다는 얘기를 많이 들어서 최대한
아파트에서 아이를 키워 나오려고 했는데, 그래도 율이가
다섯 살 될 때까지 아파트 생활을 한 셈이에요.

**일반 주택에 살아보니 어떻던가요? 우려하던 게 사실로
밝혀졌나요?**
일반 주택은 추워서 신생아는 절대 못 키운다, 웃풍이
들어 아이와 엄마가 잔병치레를 한다, 집 관리에 손이
많이 가서 육아랑 동시에 하기 어렵다···. 이런 말을 듣고
걱정을 했는데요, 진작 올 걸 싶었어요. 뭐 하러 아파트를
고집했지, 율이 낳자마자 왔으면 더 좋았겠다 생각했어요.
주택은 아파트보다 춥긴 해요. 웃풍도 들고요. 그래도
아이는 적응하고, 우리 역시 그랬어요. 오히려 병원도
거의 안 가고 잘 지냈어요. 인간은 도구를 만들고 적응하는
동물이잖아요. 한 겹 더 껴입고 부지런히 움직이면
돼요. 그동안 바람 좀 든다는 소리에 괜히 겁을 먹었네,
싶더라고요.

예꽃재 마을에 새 집을 지을 때 가장 신경 쓴 건 무엇이었나요?

이전 집에서 맷집을 길러와서 크게 신경 쓸 게 없었어요. 처음엔 공방과 집을 같이 지을 생각이었는데, 마을 사람들이 함께 사용하는 커뮤니티 공간에 도예실을 지으면서 일이 더 간단해지기도 했어요. 원래는 세 가지 타입의 집 중에서 하나를 선택하는 방식이었어요. 그런데 설계를 맡은 건축 소장님이 "에이, 사람이 다 다른데 집을 어떻게 세 종류로만 지어요" 하면서 다 다르게 지어줬어요. 대단한 분이죠. 집 도면이 나오기 전에 이메일로 얘기를 나눴어요. 저희 가족에 대해 물으시길래 "부부가 모두 도예를 전공했고, 아들 하나 있다. 집에 친구들이 자주 찾아온다. 안방은 잠만 자니까 작아도 된다. 텔레비전은 없고 거실을 서재처럼 사용하고 싶다" 그 정도 말씀을 드렸죠.

반영이 잘 되었나요?

요청대로 친구들이 오면 밥과 차를 나눌 수 있도록 넓은 테라스를 만들어주셨어요. 얘기하지는 않았지만 사실은 원했던 공간도 거짓말처럼 생겨났어요. 안방에서만 들어갈 수 있는 작은 중정이에요. 부부만의 공간이 필요할 거라 생각하셨대요. 아침이면 요가를 하고 저녁에는 차를 마셔요. 테라스가 사람들을 만나고 나누는 공간이라면, 중정에서는 내면을 살피고 힘을 충전하는 것 같아요. 특히 여기서 보는 작고 네모난 하늘이 마음에 들어요. 제 몫으로 주어진 것처럼 느껴져서요. 이 집에는 정말 마음에 들지 않는 구석이 하나도 없는 것 같아요.

집에서 가장 많은 시간을 보내는 공간은 어디예요?

테라스요.

집 안이 아니라 밖이네요. 날씨 영향을 너무 직접적으로 받지 않나요? 아니, 오늘만 해도 이렇게 더운데 밖에서 시간을 보내요?

오늘 아침에도 마당에서 잡초를 뽑으며 개운하게 땀을 한 번 뺐어요. 그늘막이 있으니 테이블에 앉아서 커피를 마시고 간식도 먹고요. 율이는 물놀이하고 나와 컵라면 먹는 루틴을 좋아해요. 밤엔 모기향을 피워놓고 나와 있어요. 주택이라 집 안에서도 자연이 보이지만, 진짜로 나무 아래 앉아 있을 때랑은 또 달라요. 테라스에 있으면 그날그날 다른 기온, 바람, 햇살, 하늘을 누리는 기쁨이 있어요. 날씨에 크게 낙담하지만 않으면 그런대로 매일 좋아요.

저는 에너지 자립 마을을 취재하러 예꽃재를 찾아왔지만, 원래 마을을 만든 의도는 다르더라고요. '자연에서 사교육 걱정 없이 아이를 키우고 싶은 사람, 모여라'였어요.

마을 이름이 애초에 '예술이 꽃피는 재미난 마을'의 줄임말이에요. 예술 활동을 하면서 지역사회를 발전시키려 만들었다고 들었어요. 문화생활도 할 수 있고, 시골에서 아이도 키우고요. 이곳이 아이 키우기에도 좋지만, 엄마 아빠한테도 천국이에요. 율이가 조금만 더 크면 아기를 키우는 가족을 위해 이 집을 양보하고 싶어요.

이 집의 에너지 절감 구조에 대해 얼마나 알고 있었나요?

몰랐어요. 이전 집에서 추위에 고생하고서도 주택에 지열 보일러나 태양광 설비가 필요하다는 생각을 못 했어요. 에너지와 환경에 관한 의식도 크게 없었고요. 집을 한창 짓고 있을 때, 시 관계자분께서 신재생에너지 관련 지원 사업을 알려줬대요. 한국에너지공단에서 50%, 지자체에서 25%를 지원할 예정이라 개인은 25%만 부담하면 된다고요. 다만 융·복합 지원 사업이라 하게 되면 태양광과 지열 보일러를 모두 설치해야 했어요. 마을 사람 모두가 모여 투표를 했지요. 당시에는 지열 보일러가 고장 잦다고 해서 고민하는 집도 있었거든요. 누구 하나 가스 보일러를 설치하겠다고 하면 진행하지 않으려 했어요. 불안한 집은 서브 보일러나 온수기를 따로 설치하기로 하고, 결국 만장일치로 태양광과 지열 보일러 시설을 하게 되었어요. 그사이에 기술도 발전하고, 써보니 장점이 많아서 다들 믿고 지열 보일러를 사용해요.

에너지 절감 설비에 어떤 기대가 있었나요?

시골 생활이 하고 싶어 왔더니 지원을 해준 셈이라 별 기대는 없었어요. 가스나 기름 안 쓰고 보일러 때면 좋지, 태양광으로 전기 만들면 좋지, 단열 잘되면 좋지, 정도였죠.

전기세, 가스비는 얼마나 나와요?

단체 톡방에 누가 이번에 전기세 폭탄 맞았다고 하소연할 때가 8000원이었어요. 태양광 발전기가 있어 전기세는 크게 걱정하지 않을 정도예요. 한여름만 빼면 전기세는 딱 기본요금 2000원이 나와요. 하루 종일 에어컨 틀면 조금 더 나오고요. 지열 보일러는 기본요금이 3만 5000원이에요. 땅 아래서 올라오는 열을 토양, 지하수, 심층수 같은 매개체를 통해 얻는 방법이라 사계절 온수 걱정이 없어요. 폭발이나 화재 위험도 없고 연료 탱크도 필요 없고요. 갑자기 가격이 뛸 일도 없어요. 지열 보일러를 활용하면 겨울 난방비는 한 달에 17만 원 정도 나와요. 24°C로 유지해놓고 굉장히 따뜻하게 살 수 있어서 이 정도면 만족스러워요. 이전 주택에서는 늘 춥게 지내면서도 기름값이 매달 60만 원씩 나왔거든요. 두터운 옷을 껴입고 웅크리고 있느라 삶의 질도

떨어졌고요. 전기차 충전기도 연결해서 쓰고 있는데, 한 달에 2만5000원씩 내요. 집 앞에 차를 세워놓고 충전할 수 있어 아주 편하고, 기름값도 많이 아끼고요. 집집마다 충전기가 있어 마을 사람 대부분 전기 자동차를 타요.

태양광발전은 날씨 영향을 많이 받나요?
네, 일조량이 많은 여름에 전기를 많이 만들고 겨울에 해가 짧아지면 적게 만들어요. 작년처럼 장마가 긴 여름은 예외고요. 하늘이 흐려서 발전량이 적었거든요. 눈이 와서 패널에 쌓이면 발전량이 0이 되기도 해요. 날이 너무 더우면 패널의 표면 모듈 온도가 높아지면서 발전 효율이 떨어진다는 얘기도 들었어요. 사자락이라 온도가 그렇게까지 높아지지는 않는 건지 지희는 여전히 여름에 가장 많은 양의 전기를 만들어내요. 세탁기와 건조기를 써서 빨래를 하고, 냉장고도 큰 걸로 쓰고, 음식은 전기 레인지에 하고, 청소기를 사용해 바닥의 먼지를 빨아들여요. 사는 데 온통 전기가 필요하더라고요. 그래도 쓰고 남을 만큼의 전기가 생산돼요. 연료도 필요하지 않고, 소음도 발생하지 않는데 조용히 매일 전기를 만들어줘요.

환경에 무리가 덜 가는 삶이라 하면, 왠지 궁상맞은 느낌을 떠올리게 되잖아요. 멋있지만 저렇게까지 살고 싶진 않다는 생각이 들 때도 있고요. 하지만 에너지 절약이 아닌 절감을 고려한 집이라 옹색한 느낌은 아니네요.
건축 단계에서 다른 건 몰라도 단열과 기밀에 아낌없이 투자했다고 들었어요. 주택에서 살아보기 전에 가장 큰 걱정이 웃풍이었잖아요. 처음부터 에너지 낭비를 최소화한 건축을 한 것도 한몫했죠. 말씀하신 대로 저희는 충분히 편하게 살면서도 떳떳해요. 다시 화석연료와 석탄 발전소에서 만든 전기를 쓴다면 조금 머뭇거릴 것 같아요. 일단 비용이 부담스러워 지금처럼 전자 제품을 마음껏 쓰지 못하겠죠. 고갈되고 있는 화석연료와 대기오염 물질 배출이 죄책감으로 다가올 거고요. 누가 물어본다면, 초기 비용이 들어도 태양광이랑 지열 보일러는 꼭 설치하라고 말해주고 싶어요.

어린 아기가 있는 가정을 위해 예꽃재 마을을 나갈 생각이 있다고 했어요. 그럼 집을 새로 구해야 하잖아요. 예꽃재처럼 마을 차원에서 진행할 수 없어도 개인적으로 에너지 절감형 설비를 이용할 건가요?
네, 그럼요. 개인이 진행해도 50% 정도는 지원금을 받을 수 있다고 들었어요. 지자체마다 보조금을 주는 방식이 달라 확인해봐야 겠지만요.

만약 지원금이 전혀 없다면요? 그때는 어떤 이유로 태양광과 지열 보일러를 사용하게 될까요?
이건 고민 없이도 확실히 말할 수 있어요. 주택에 산다면 태양광과 지열 보일러를 선택하지 않을 이유가 없어요. 저희 집이 27평인데, 이보다 집이 넓거나 가족이 셋보다 많거나 전기 사용량이 많거나, 이 모두에 해당한다면 에너지 절감형 설비가 더욱 빛을 발할 거고요. 지구온난화와 기후 위기 논쟁에 대해 말하고 싶은 생각은 없어요. 제가 말할 수 있는 범위가 아닌 것 같거든요. 저는 그저 화석 에너지를 사용하지 않고, 에너지를 절감하는 집에서 즐겁게 살고 있는 사람일 뿐이에요. 그리고 다음 집에서도 같은 선택을 할 거고요.

나라에는 없고
마을에는 있는 것

PEOPLE

EDITOR. Kuntae Kim / PHOTOGRAPHER. Haeran
ILLUSTRATOR. Nammyung Kim

성대골마을은 서울의 대표적 에너지 자립 마을이다. 에너지 자립은 국가에서 제공하는 전기 소비를 억제하고, 스스로 친환경 에너지를 만들어 사용하는 방식을 말한다. 처음 그 의미를 들었을 때 든 생각은 이거다. '하지만 왜?'

세상에서 가장 많이 인용한 아프리카 속담을 꼽으라면 이게 아닐까. "한 아이를 키우려면 온 마을이 필요하다." 출처 불명의 문장을 반복해서 말하며 사람들이 강조하고 싶었던 건 양육과 교육이 무지막지하게 어렵다는 사실. 한 개인의 힘으로는 도저히 안 되니 누구든 제발 도와달라는 구조 신호는 아니었을까? 다행히 우리 사회에는 아이의 생애 주기를 대신 책임지는 공교육이 있다. 하지만 여느 대도시가 그렇듯 구석구석 소외된 구멍이 하나둘 생기기 마련이고, 그것을 해결해야 할 행정력은 대개 게으르거나 무책임하다.

서울 동작구 상도3동 사람들은 2만5000가구가 사는 동네에 초등학교도 하나 없다는 사실이 납득하기 힘들었다. 학교를 지어달라는 요청은 번번이 우선순위에서 밀렸다. 화가 난 그들은 결국 행정이 외면하는 일을 스스로 해결하기로 마음먹었다. 처음에는 작은 학교를 만들기로 계획했으나 쉽지 않았다. 결국 어린이 도서관으로 방향을 선회했고, 여러 사람의 손을 빌려 겨우 아이들이 안전하게 머물 수 있는 공간 하나를 얻을 수 있었다. '성대골사람들'이라는 이름으로 처음 이뤄낸 성과였다.

그런데 이 장황한 이야기가 에너지 자립과 무슨 연관이 있을까? 그 무렵 일본 후쿠시마에서 원전 사고가 일어났다. 비극은 전 세계로 생중계됐고, 어린이 도서관을 만든 사람들은 이것이 자신과 무관한 일이 아님을 직감했다. 하지만 원전을 4개나 보유한 나라의 정부는 아무런 대책이 없었다. 사람들은 스스로 문제의 원인을 분석하고 공부했다. 그들은 지구의 재난이 기후 위기 문제와 연관되어 있으며, 그 원인이 무분별한 석탄 발전에 있다는 사실을 알았다. 진실에 다가갈수록 후쿠시마의 비극은 한 나라만의 문제가 아니라 전 인류가 필연적으로 겪게 될 파국의 신호탄 같았다.

겨우 25평짜리 공간 하나를 얻기 위해 온 힘을 끌어다 쓴 사람들 앞에 기후 위기 대응이라는 거대한 미션이 주어졌다. 막막한 일이었지만 한 아이를 '안전하게' 키우기 위해 마을은 다시 스스로 나서야만 했다. 대도시의 시민으로서 책임을 통감하고 원전을 줄이는 일, 지속 가능한 안전을 위해 에너지 전환을 이루는 일, 그리고 전 지구적 위기를 직시하고 행동하는 일. 나라에는 없으나 마을에는 있는 단 한 명의 아이를 지키기 위해 그들은 스스로 변하기 시작했다.

김소영

성대골사람들 대표

지도에 성대골마을이 나오지 않아서 한참을 찾았어요.
고생하셨어요. 성대골마을은 행정구역상 나누는 구획은
아니에요. 상도3동과 4동을 하나로 묶어서 부르는
이름이죠. 원래 있던 단어는 아니고 2010년 '어린이
도서관 만들기 추진위원회' 대표로 있을 당시에 처음
지은 말이에요. 홍보물에 사용할 이름을 고민하다가
근처 성대시장과 빙수골 마을공원을 합쳐서 '성대골
어린이도서관'이라고 부르게 됐어요. 임시로 붙인
이름이었지만 나중에는 행정기관의 공식 문서에도 사용할
만큼 공신력을 얻었죠.

어린이 도서관이 한 마을을 만든 거나 다름없네요.
그렇죠. 어린이 도서관을 만들기 위해 모인 사람들이 그
이름을 사용해 지금까지 활동을 이어나가고 있으니까요.
아이들이 만들었다고 볼 수 있죠.

어린이 도서관을 만드는 게 왜 그렇게 중요했나요?
제가 쌍둥이 엄마예요. 초등학생 두 아이를 키우며 직장에
다니던 시절에 신종플루가 유행했어요. 지금의 코로나19
상황처럼 어린이집이 문을 닫았고, 아이들을 맡길 데가
없어서 힘들었던 기억이 나요. 엄마인 나도 그렇지만
아이들에게도 힘든 일이잖아요. 그때 어린이를 돌볼
공간이 꼭 필요하구나, 생각했죠.

안 하던 일을 한 건데, 어떤 어려움이 있었나요?
아이를 키우며 어린이 도서관 건립을 추진하는 게
쉽지만은 않았죠. 모금을 위해 일일 호프도 하고 매일
여기저기에 홍보하는 게 일이었어요. 그러던 어느 날,

동네 주민 한 분이 만나고 싶다고 하더라고요. 후원이라도
하려나 싶어서 찾아갔더니 대뜸 홍보지 뿌리고 다니는
게 불편하니 안 했으면 좋겠다는 거예요. 행정기관에서
할 일을 왜 아무것도 아닌 사람이 뜬구름 잡듯이 설치고
다니느냐고요. 초등학교도 하나 없는 동네에서 아이들이
책 읽으며 쉴 수 있는 공간을 만든다는 게 잘못은
아니잖아요? 그래서 말했죠. "불편하신 마음 충분히
알겠지만, 세상에 불편한 일이 어디 한두 가지겠어요. 저는
불편한 제 할 일 계속하겠어요."

**스스로 움직일 용기도 없으면서 말뿐인 사람들이 있죠.
혹시 그 일로 상처를 받았나요?**
대단한 사명감으로 이 일을 했다면 상처를 받았겠지만,
당장 눈앞의 아이들을 위한 일이라 괜찮았어요. 다행히
함께 힘을 모은 주민이 더 많았고 종교 단체와 시민
단체, 정당에서도 조금씩 후원을 해줬어요. 우여곡절이
있었지만 덕분에 크지는 않아도 세를 얻어 아이들이 쉴 수
있는 도서관을 꾸미고 책을 구입할 수 있었죠. 마을버스
방송에 도서관이 나오자 사람들이 정말로 이뤄낸 거냐며
놀라워했어요.

**공동체로 첫 성과를 낸 뒤 11년이 흘렀는데, 지금은
에너지 자립과 기후 위기라는 키워드로 행동하고 있어요.
그 계기가 궁금해요.**
도서관이 개관할 무렵 일본에서 후쿠시마 원전 사고가
터졌어요. 충격을 받았죠. 우리나라에도 4개의 원전이
가동 중이고, 다음 사고의 대상이 우리가 아닐 거라는
보장이 없잖아요. 서울이라는 대도시에 사는 사람으로서

책임을 통감할 수밖에요. 생각해보세요. 이 좁은 나라에서 원전을 4개나 가동한다는 건 그만큼 우리가 무책임하고 비윤리적 소비를 하고 있다는 뜻이잖아요. 정작 사고가 나면 가장 큰 피해를 받는 건 원전 인근의 주민일 텐데, 대도시 사람은 거기에 대해 아무런 의식이 없어요.

저조차도 원전 문제가 먼 곳에서 벌어지는 일이라고 생각했어요.

제 고향이 전라북도 부안이에요. 핵 폐기장 건설 문제로 갈등이 심했던 곳이죠. 고통을 전파하듯 서로에게 한 과격한 행동들이 떠오를 때면 힘들어요. 아이들에게 책을 읽게 하는 것도 중요하지만 안전을 담보해줄 수 없다면 그게 과연 올바른 일인가 싶었어요. 고작 30년 동인 전기를 사용하자고 핵폐기물을 떠넘기는 것도 옳지 않은 것 같았고요. 그래서 당장 무슨 행동이든 해야겠다고 생각했는데, 막상 무엇부터 해야 할지 모르겠더라고요. 그래서 검색해서 나오는 관련 단체에 전부 메일을 보냈어요.

무슨 대답이 돌아왔나요?

답장이 안 왔어요. 속상한 마음에 여기저기에 직접 전화를 걸어 이 문제에 대해 의논할 수 있는 단체가 어쩌면 이렇게 없느냐고 하소연했어요. 결국 문제의식에 공감한 녹색연합이 특강을 마련해줬죠. 후쿠시마에 직접 다녀오신 강사를 초빙하고 사람을 모으는데, 아무도 오지 않는 거예요. 동네 사람들에게 왜 오지 않느냐고 물었더니, 핵 발전소 이야기가 무섭기도 하고 도대체 무슨 소리인지 모르겠다는 반응이었어요. 하지만 적은 인원이나마 특강을 통해 피해의 심각성을 자세히 알게 된 후로는 더욱 이 문제에 집중해야겠다고 결심했죠.

커다란 사건을 내재화한 사람들이 처음으로 한 행동이 무엇일지 궁금한데요?

마을에서 할 수 있는 에너지 운동의 핵심은 주택의 절전과 효율이라고 생각했어요. 프로젝트에 동참한 70가구의 전기 사용량 그래프를 사무실 벽에 그려 넣고, 가구별로 얼마나 줄여나갈 수 있는지 계획을 세웠죠. 그렇게 70가구가 한 달간 절약한 양을 보니, 10가구의 한 달 사용 전력량을 생산하는 것과 맞먹더라고요. 에너지 절약이 생산만큼이나 중요하다는 사실을 그때 알았어요.

마을 벽에 붙인 그래프 하나가 에너지 자립의 시작인 거네요?

에너지 자립이라는 게 거창한 일이 아니에요. 먼 데서 해법을 찾으려 하면 시작하기도 전에 지쳐버려요.

기본적으로 우리가 가진 자원 안에서 최대한 덜 쓰는 것이 핵심인 거죠. 에너지 전환을 하려고 해도 석탄 연료를 쓸 때와 재생에너지를 쓸 때 똑같이 사용할 순 없잖아요. 재생에너지는 날씨나 환경에 따라 생산량이 달라지니까요. 결국 에너지 전환의 핵심은 과잉 소비를 줄이는 데 있고, 도시는 그런 역할과 책임을 다해야겠죠.

에너지 자립에 가까워지기까지 또 어떤 시도들을 했나요?

'우리 동네 녹색아카데미'부터 시작해서 '서울시 에너지 자립마을' 사업 참여, '원전 하나 줄이기 합창단', 각종 워크숍과 토론회, 해외 에너지 전환 마을 탐방, 학교의 기후변화 교육, 마을 사람과 함께하는 에너지 축제, 적정기술 실험들 등해 마을 기업인 '마을닷살림 에너지 협동조합'을 만들기도 했고요. 성대골 리빙랩을 만들어 태양광 에너지 보급과 에너지 효율을 높이는 작업을 함께 진행했어요.

에너지 효율이라면 결국 주거지에 대한 문제인가요?

내가 사는 집, 내가 일상에서 가장 오래 머무는 곳의 에너지 효율을 얼마나 높이느냐가 관건이에요. 쉽게 말해, 여름에 시원하고 겨울에 따뜻한 집으로 만들면 되는 거예요. 우리 몸이나 자가용도 1년에 한 번은 건강검진을 하라고 하는데, 정작 집은 누구 하나 신경 쓰려 하지 않잖아요. 낡고 효율 낮은 집은 말 그대로 처치 곤란한 고가의 쓰레기일 뿐이에요. 그런 부분을 개선하고자 조합을 설립하고 기술자와 연결하는 작업을 진행했어요. 집수리의 복잡한 행정절차가 있다면 도와주기도 하고요. 서울시의 온실가스 중 70%가 건물에서 나오는 걸 생각하면 너무나도 기본적인 문제죠.

에너지 생산에 대해 조금 더 이야기해볼게요. 마을 단위의 에너지 생산이라면 구체적으로 무엇을 말하는 건가요?

인근의 국사봉중학교는 태양광 설비를 통해 생산과 판매까지 하는 유일한 학교예요. 학생들이 협동조합의 주인이 되는 비즈니스 모델을 만든 거죠. 성대시장 상인회의 태양광 사업도 마찬가지예요. 건물 옥상에 태양광 패널을 설치해 시장에서 사용하는 전력을 시제 생산하고 있죠. 그 외에도 인근 금융기관과 협력해 '우리집솔라론'이라는 금융 상품을 만들어 일반 가정에 태양광 패널 설치를 장려하기도 했고요.

전기는 국가에서 제공하는 것, 더 단순하게는 콘센트에 플러그만 꽂으면 나오는 것 정도로만 인식했어요. 평범한 사람이 전기를 생산해 사용하는 게 쉬운 일인가요?

에너지 자립을 위해 석탄 에너지를 재생에너지로 전환하는 건 분명 필요한 부분이지만 쉽지 않아요. 성대골마을 2만5000가구의 100% 에너지 자립을 위해서는 그 힘을 가진 주체들을 만나서 설득해야 해요. 그러니까 건물의 소유주가 태양광 설치를 허락해야 한다는 거죠. 하지만 소유주가 건물에 사는 경우는 극히 드물고, 심지어 그들은 태양광 설비를 하지 않아도 아쉬울 게 없어요. 지난 10년간 설득도 하고 싸워도 봤지만 인식을 바꾸기엔 한계가 있었죠.

하긴, 못 하나도 마음대로 박지 못하는데 세입자가 건물에 무언가를 설치해달라고 요구하기는 힘들 것 같아요.
기후 위기 측면에서 그들을 일일이 설득하기엔 우리에게 남은 시간이 얼마 없어요. 그래서 아예 세입자가 아니라 사용자라는 개념을 사용하기 시작했어요. 사용자가 그 집의 에너지 효율이 어떤지 직접 판단하고 평가할 수 있도록 한 거죠.

소비자가 쇼핑몰에 댓글을 남기듯이 말이죠?
그렇죠. '직방'이나 '자취방닷컴'같이 젊은 사람이 많이 이용하는 플랫폼에 에너지 데이터를 넣는 거예요. 그 집에 태양광 패널이 있는지, 친환경 보일러가 설치되어 있는지, 단열은 잘되는지, 난방비는 얼마나 나오는지 같은 것들요. 그런 정보가 있다면 건강하지 못한 건물과 건강한 건물을 구분할 수 있고, 인기 없는 집의 소유주가 효율 높은 집으로 수리하도록 유도할 수 있겠죠.

집을 하나의 거대한 서비스로 보는 거네요. 그런데 그게 정말로 가능할까요?
그럼요. 저는 MZ세대가 지닌 파급력을 믿어요. 요즘 청년들이 플렉스할 때는 하지만 아낄 때는 또 확실히 아끼잖아요. 환경문제에도 관심이 많아서, 그쪽에 영향력을 행사할 수 있다면 사회적으로 분명한 변화를 가져올 거예요. 실제로 어떤 고시원이 리모델링했다고 하면, 입소문이 금세 퍼져서 다른 고시원도 리모델링을 빠르게 해야 한대요. 사용자가 힘을 갖는 건 분명 변화를 이끌어낼 수 있어요.

비단 부동산 문제만이 아니라 기후 위기에서도 젊은 세대의 목소리가 높아지고 있어요. 앞서 말한 MZ세대의 파급력이 기후 위기 탈출의 힌트가 될까요?
미국 경제학자 제러미 리프킨Jeremy Rifkin은 기후 위기 극복을 위해선 로컬 공동체가 '수평적 협의체'로서 역할을 해야 한다고 말했어요. 그리고 그 중심에는 청년의 역할이 중요할 거라고요. 얼마 전엔 코로나19의 여파로 마을 에너지 축제를 온라인으로 진행했어요. 오픈 채팅방과

실시간 방송을 이용해 생중계했죠. 학생들의 참여는 활발했던 반면, 마을 어르신들은 매년 축제가 열리는 장소로 직접 와서 어리둥절해하시는 거예요. 아무리 설명해도 온라인이라는 개념을 이해하지 못했어요. 바로 그런 세대 차이에서 아이들이 큰 충격을 받더라고요.

기술은 빠르게 변하고, 메타버스에 적응하지 못하는 기성세대를 많이 봤어요. 저부터도 그렇고요.
저는 바로 거기에 포인트가 있다고 생각해요. 우리 기성세대는 탄소를 배출하는 세대예요. 탄소가 없는 삶을 상상하지 못해요. 탄소 중립 사회는 상상 밖의 상상을 해야 가능한데, 그런 해결책을 낼 역량이 우리에겐 없어요. 그래서 젊은 세대에 희망이 있다고 이야기하는 거예요.

하지만 그들에게는 의사 결정권이 없어요. 상상력이 빈곤한 기성세대만이 무언가를 결정하는 아이러니한 상황 속에서 무엇이 어떻게 바뀌어야 할까요?
기성세대가 해야 할 유일한 일은 의사 결정 구조에 MZ세대를 넣어주는 거예요. 그들의 아이디어를 존중하고 실패하더라도 뭐든 해보자고 독려하는 거죠. 앞서 말씀드린 부동산 플랫폼에 기후 위기 데이터를 넣는 것처럼 젊은 세대의 파급력을 믿고 진행해야 해요. 우리에겐 망설일 시간이 없어요.

실제로 아이들의 목소리를 세상에 알린 게 지난 2018년 인천에서 열린 제48회 IPCC(기후변화에 관한 정부 간 협의체) 총회였죠? 학생들과 함께 직접 행동에 나선 배경이 궁금해요.
시작은 2018년 6·13지방선거였어요. 국사봉중학교 학생들과 수업 시간에 서울의 선거 홍보 공약집을 전부 모아 분석하는 시간을 가졌어요. 10개 반 학생들과 함께 기후 위기와 미세먼지, 에너지 전환에 관한 공약을 찾아봤는데, 하나도 없는 거예요. 절망적이었어요. 그래서 아이들에게 직접 공약을 만들게 한 다음 그 내용으로 소송을 걸어보자고 제안했어요. 그랬더니 아이들의 표정이 굳는 거예요. 그런 걸 하면 사람들이 비웃을 거 같다면서요. 엄마가 싫어할 것 같고요.

슬프네요. 시도하기도 전에 포기하는 걸 누가 알려줬을까요?
결국 그날은 해산했지만 도저히 포기가 안 되더라고요. 그래서 IPCC 총회가 열릴 즈음 청소년 캠프를 열어 150여 명의 인원이 함께 인천으로 갔죠. 행사장 앞에서 자유 발언과 기자회견문 낭송, 플래시몹을 진행하며 우리의 의견을 전달했어요.

이번엔 응답이 있었나요?

IPCC 의장과 사무총장이 행사장 바깥으로 직접 나와 학생들을 맞았고, 학생들은 자신들의 입장을 발표했죠. "우리 세대는 기후 위기를 인지하는 첫 세대이자 기후 위기를 막아야 하는 마지막 세대다. 우리가 이걸 하지 못하면 다음 세대는 기후 위기를 이야기할 수조차 없다"라고요. 그러자 그들도 좋은 결과를 이끌어내겠다는 약속을 했고, 결국 그날 만장일치로 지구 기온 상승을 1.5°C로 억제하자는 보고서를 채택했어요. 하지만 만장일치가 의미하는 바는 그만큼 이 문제가 시급하며, 우리가 벼랑 끝에 몰려 있다는 신호인 거죠.

사실 기후 위기 문제는 개인이 해결할 수 없는 거대한 일이라고 생각했어요. 마을 사람들을 설득하는 일이 쉽지 않았을 거 같은데, 어떤가요?

커다란 문제일수록 보다 실질적인 문제로 접근해야 해요. 대표적으로 마을의 중심인 성대시장에는 천장이 없어요. 덥거나 추우면, 미세먼지가 심하거나 장마가 길어지면 손님이 오질 않아요. 시장 상인들에게 기후 위기가 수익과 직접 연관이 있음을 끊임없이 알리고, 그에 대응하는 방법을 가르쳐주는 게 우리의 역할이에요. 환경의 변화가 전통시장에 치명적 영향을 미치기 전에 근본 문제를 개선하자고 설득할 수만 있다면, 그들은 조직화해서 태양광을 설치하거나 일회용기 대신 다회용기 사용을 권장하는 등 스스로 행동하게 되죠.

어린이 도서관을 시작으로 마을의 에너지 자립을 향한 노력, 그리고 기후 위기에 이르기까지 더욱 크고 급박한 문제로 초점이 옮겨갔는데, 성대골마을이 나아가야 할 길이 좀 그려지나요?

사실 갈수록 막연해요. 저 자신도 탄소 사회에 살고 있다 보니 탄소 중립 사회로 가는 게 더 어려운 것 같아요. 발상과 관점의 참신함을 넘어 상상 이상의 것을 해야 하는 시대니까요. 무엇보다 관성을 이겨야겠죠. 청소년은 움직이지 말라 하면 움직여야 하고, 소유주를 건드리지 말라고 하면 건드려야 해요. 포기하지 못하는 것들을 포기해야 하는 일들이 더 늘어나겠죠. 그런 전통을 이겨내야 조금이나마 위기의 시점을 늦출 수 있지 않을까 생각하고 있어요. 무엇보다 젊은 세대를 끊임없이 지원하고 함께 무언가를 하려고 노력해야겠죠.

아무리 정의로운 일이라 하더라도 오랜 시간 멈춤 없이 지속하기란 쉽지 않잖아요. 지금껏 대표님을 움직이게 한 건 무엇인가요?

저는 사실 공과 사의 구분 없이 여러 곳에 노출되는

사람이잖아요. 보는 눈이 많다는 의미예요. 제가 하는 사소한 실수가 곧 우리의 행동을 대표한다고 생각하면 두렵죠. 하지만 그런 긴장감이 있어서 스스로 반성하고 성찰할 수 있는 것 같아요. 저 개인적으로는 하루하루 탄소 발생을 최소화하는 날을 살고 싶어요. 그리고 저희 두 아이에게도 그런 삶을 사는 엄마가 부끄럽지 않기를 바라요.

에너지 자립과 기후 위기라는 거대한 문제는 결국 아이에서 시작해 아이로 향하는 긴 여정의 일부처럼 보이네요.

딸들과 저는 함께 성장하며 기후 위기를 인지한 동료잖아요. 같은 시공간을 공유하는 인류로서 같이 기후 위기를 극복하자고 말해주고 싶어요. 힘들지만 그래도.

지치지 않았으면 좋겠어요.

아직은 지칠 자격도 없어요.

장승배기역 7

5

카페나무

강현중학교

쌍용스윗닷홈아파트

4

지구샵

도화공원

상도초등학교

7 신대방삼거리역

1

성대전통시장

2

성대골 전환센터

빙수골마을공원

3

성대골 어린이 도서관

장미어린이공원

상도3동
마을공원

상도근린공원

성대골마을의 공동체 활동 공간

1.

성대전통시장

마을의 거의 모든 사람이 모인다고 해도 과언이 아닐 만큼 늘 북적이는 곳으로, 에너지 자립의 거대한 실험장이자 결과물이기도 하다. LED 등으로 전구를 교체하거나 태양광 패널 설치로 에너지 자립을 이끄는 등 실제적으로 캠페인을 주도하며, 마을 축제의 미션 장소로도 두루 쓰인다. 얼마 전부터는 기후 위기 문제에 동참하여 배달 애플리케이션을 활용한 배달 서비스를 적극 장려하고 있다. **서울시 동작구 성대로2길 7**

2.

성대골 전환센터

35년 된 마을 서점이 있던 곳으로, 성대골 전환센터가 예전 '대륙서점'의 간판을 그대로 유지한 채 공간을 사용하고 있다. 기존의 성대골 전환센터에서 취급하던 제로 웨이스트 제품은 물론 기후·생태·환경과 관련한 서적과 간단한 식음료도 판매한다. 성대골 리빙랩의 거점으로, 기후 위기 워크숍이나 에너지 관련 교육 역시 이곳에서 진행한다. 벽 한쪽 면에 걸린 공구들은 필요한 사람에게 무상 대여한다고 하니 에너지 효율을 높이기 위한 조언을 듣고 싶다면 편안하게 방문해보자. **서울시 동작구 성대로 40**

3.

성대골 어린이도서관

초등학교도, 도서관도 하나 없던 마을에 처음 지은 어린이 도서관으로, 지금의 성대골마을 공동체를 있게 한 의미 있는 공간이다. 2010년 개관 후 현재의 자리로 장소를 옮겼다. 주로 어린이 도서를 대여하지만 주민들의 활동 공간으로도 쓰이며, 작은 마켓이나 원데이 클래스를 위한 공간 셰어를 진행하기도 한다. 작은 규모지만 지역 공동체의 문화 순환 거점으로, 에너지 전환 이슈에 대한 열린 토론을 장려한다. **서울시 동작구 성대로10길 23**

4.

지구샵

지역 청년들이 운영하는 제로 웨이스트 숍이다. 환경에 치명적인 플라스틱을 거부하고 천연 소재만을 취급하며, 동식물 모두에 안전한 제품을 소개하는 것을 모토로 한다. 주방과 욕실용품, 문구류와 서적 등 지구환경에 착한 물건들을 다루며 온·오프라인 모두에서 구입할 수 있다. 고령 인구가 많은 성대골마을에 청년 특유의 활기를 전파하는 것은 물론, 수익금 일부를 생태계 보호를 위해 기부하는 등 건강한 움직임을 이어간다. **서울시 동작구 성대로1길 16**

5.

카페 나무

'좋은 세상을 만드는 사람들'이라는 비영리단체가 운영하는 카페 나무는 여성, 노동, 다문화, 에너지 등 성대골마을의 여러 의제 활동에 대해 함께 고민하는 공간이다. 2층은 일반 손님에게 개방하는 카페로, 3층은 가출 여성 청소년을 지원하는 쉼터로 제공한다. **서울시 동작구 상도로 152-1**

66 한 줄의 분노가 세상을 바꾼다 99

PEOPLE

EDITOR. Kuntae Kim / PHOTOGRAPHER. Juyeon Lee
STYLIST. Yena Kim / HAIR MAKEUP. Soyeong Choi, Yuna Gil

2018년 스웨덴의 고등학생 그레타 툰베리가 의회 건물 앞에서 '기후를 위한 등교 거부'라고 적은 팻말을 들고 1인 시위를 펼쳤다. 기후 위기에 대한 정부의 대책 없음을 꼬집기 위함이었다. 그녀의 단단하고 꾸준한 분노로 촉발된 기후 파업 운동은 전 세계 92개국 1200여 개 청소년 단체의 참여를 이끌어냈다. 우리나라 '청소년기후행동' 활동가 4인의 팻말에는 어떤 분노가 녹아 있을까?

권미지

처음 기후 위기를 언제 접했나요?

학교에서 신문 기사를 요약하고 생각을 적는 수행평가가 있었어요. '나는 40°C가 넘는 곳에서 일한다'라는 기사를 읽었는데, 당시 유럽의 기온이 40°C, 인도의 기온이 50°C에 육박한다는 것, 인터넷 케이블 설치 기사의 근무 일지, 택배 기사가 선풍기 두 대만 있는 곳에서 일한다는 내용이 담겨 있었어요. 그때 기후 위기가 사람들에게 차별적이고 불평등하게 적용된다는 걸 알고 저의 무지를 깨달았어요.

학교에서는 기후 위기에 대해 무엇을 가르치나요?

고등학교 1학년 교과서에서 기후변화를 다루긴 해요. 해수면 상승으로 물에 잠겨가는 섬나라 이야기와 미래에 예상되는 개화 시기, 이산화탄소 농도 정도를 가르쳐요. 수업마다 다르겠지만 기후변화를 우리 삶의 거대한 위기로 보는 시각은 존재하지 않는 것 같아요

결석 시위에 처음 나갔을 때 주변 반응은 어땠나요?

아주 가까웠던 친구랑 엄마를 빼고는 제가 결석 시위에 참여한 걸 몰라요. 학교에는 몸이 아프다고 거짓말을 했어요. 엄마한테는 결석 처리 안 되니까 괜찮다는 식으로 설득했고요. 친구들과 가족도 크게 궁금해하지 않았어요.

기후 위기의 많은 이슈 중에서도 특히 신경 쓰는 부분이 있다면요?

탈석탄 과정에서 산업구조가 바뀌며 석탄 발전소에서 일해온 분들이 하루아침에 자신의 일자리를 잃게 되는 상황이에요. 그런데 지금은 이런 피해를 온전히 개인이 감당하고 있어요. 이럴 때일수록 함께 책임지고 도움을 주는 정책이 필요한 것 같아요. 누구도 배제되지 않는 정의로운 전환, 각자의 위치와 책임을 고려한 기후 정의 실현, 기후 위기 피해 최소화 등을 고려했으면 좋겠어요.

문제 해결을 위해 정부와 기업이 기억했으면 하는 점이 있나요?

정책을 추진하는 방향이나 목표에서는 기후 위기가 가져올 삶의 처참함을 깊이 알지 않으면 변화에 소극적일 수밖에 없을 것 같아요. 그래서 기업이 스스로 가진 영향만큼 책임도 함께 져야 한다고 느껴요. 생산 활동에서 생태계 파괴를 동반하는 기업은 다른 방식으로 생산 방법을 바꾸거나, 수익을 환경 영향을 줄이는 데 일정 부분 지원해야 한다고 생각해요.

직접 기후 정책을 결정할 수 있다면 어떤 법을 만들고 싶은가요?

독일은 에너지 전환 과정에서 생기는 의견을 조율하는 갈등 조정 기구가 따로 있어요. 그들은 재생에너지 발전소의 입지가 주변 환경과 생물에 위협을 주지 말아야 한다는 원칙을 세우는데요, 예를 들어 "해상 풍력 공사 시 돌고래 보호구역으로부터 750m 떨어진 곳의 소음 수치가 160데시벨 이상이 되어서는 안 된다"처럼 구체적 방식이 정해져 있어요. 재생에너지로의 전환 과정에서조차 생물 다양성을 고려하고, 당사자 간 의견 조율을 중요하게 생각한다는 점이 좋았어요. 에너지 전환에 관한 법을 만든다면 독일의 경우를 참고하고 싶어요.

기후 행동이 힘들진 않나요?

기후 행동 자체가 힘들다기보다는 눈에 보이는 변화가 너무 실망스러워서 힘들어요. 변화가 없는 일에 계속 힘을 써서 나아가는 게 어려워요.

기후 행동을 통해 지키고 싶은 것은 무엇인가요?

'청소년기후행동'의 슬로건처럼 평범한 일상, 꿈을 꿀 수 있는 미래, 소중한 사람과 공간 그리고 경험, 모두의 존엄한 삶, 서로가 서로를 지켜주는 것, 주거와 생계, 삶의 터전이 무너져 내리지 않는 것.

윤현정

기후 위기에 대응하기 위해 한 첫 행동이 무엇인가요?

고기를 먹지 않거나 걸어 다니는 등 개인적 실천만 하다가 그런 걸로는 위기에 대응할 수 없다는 걸 알고 나서는 친구랑 같이 매일 아침마다 학교 앞에서 피케팅을 했어요. 박스를 주워서 하고 싶은 말을 잔뜩 적었어요. 주말에는 공원이나 시청, 시내같이 사람이 많이 다니는 곳에서도 하고요.

매일 모르는 사람들 앞에서 피켓을 드는 게 쉽지 않았을 텐데, 어떤 마음으로 거리에 나서게 됐나요?

분노, 절박함, 막막함의 감정이었어요. 위기를 위기로 받아들이지 않는 정책 결정권자를 향한 분노, 기후 위기에 대응할 수 있는 시간이 얼마 남지 않았다는 상황의 절박함, 변화를 만들기엔 내가 너무 평범한 사람은 아닐까 하는 막막함 말이에요.

학교 앞 시위에 이어 결석 시위에 참석한다고 했을 때 주변의 반응은 어땠나요?

결석 시위를 위해 현장 체험 학습을 신청했는데, 담임선생님이 굉장히 안 좋게 보셨어요. 그러다 교감 선생님께도 몇 번 불려갔어요. 시위는 교육적이지 않기 때문에 가서는 안 된다는 훈계를 들었어요. 저는 결석 시위가 왜 필요한지 선생님을 계속 설득했어요. 이후에 선생님들과 등을 지기는 했지만, 결국 현장 체험 학습을 얻어내서 시위에 나갈 수 있었어요.

학교에서는 기후 위기를 어떤 방식으로 가르치나요?

학교의 기후 교육은 최악이에요. 인권과 생존의 문제에 중립 따위는 존재하지 않잖아요. 하지만 학교에서는 기후 위기를 중립적으로 다뤘어요. 기후 위기가 발생하면 빙하가 녹고, 북극 항로가 개척되어 경제적 이익이 된다는 식이죠. 더 최악인 건 환경 교육을 통해 우리를 단순히 '계몽'의 대상으로만 바라본다는 거예요. 기후 교육을 실시하고 기후 동아리를 만들어줄 테니 과격한 결석 시위는 그만하라고요.

기후 행동을 하며 가장 듣기 싫은 말이 있나요?

기특하다거나 열심히 활동해서 변화를 만들라는 말, 우리에게 공감한다고 하면서 자신이 변할 생각은 하지 않는 말들요. 우리를 두려워하면 그런 말을 할 수가 없어요. 노조가 파업했을 때 기업이 노조에 열심히 파업하라고, 파업을 응원한다고 말하지는 않잖아요? 우리가 변화를 만든다면 가장 먼저 바뀌어야 할 것이 정책 결정권자들인데, 그들이 우리에게 변화를 만들라고 응원하는 것은 우리가 변화를 만들지 못할 것이라고 생각하기 때문이에요. 우리는 이미 변화를 만들었고, 견고한 시스템을 변화시킬 사람들이에요. 그들은 우리를 두려워해야 해요.

정책 결정권자들에게 구체적으로 요구하고 싶은 것이 있나요?

의사 결정 구조가 바뀌었으면 해요. 지금은 기후 위기 당사자들과 기후 위기에 책임 있는 사람들이 철저하게 분리되어 있어요. 정책 결정은 여전히 소수 엘리트 속에서만 이루어지는데, 거기에 기후 위기에 공감하는 사람이 몇 명이나 있을까요? 저는 기후 위기가 왔을 때 처참히 쓸려갈 사람이에요. 저랑 비슷한 사람들이 중요한 정책을 결정하는 자리에 있어야 한다고 생각해요.

자신이 또래 친구들과 다른 삶을 살고 있다고 생각하나요?

저는 너무나 평범한 사람이어서 딱히 제가 특별하게 살고 있다고 생각하진 않아요. 그냥 제 일상이 기후 위기에 맞닿아 있는 것뿐이죠. 다른 사람들의 일상 공간이 학교나 직장 또는 집이라면 저에게는 일상 공간이 기후 운동인 거예요.

개인적으로 기후 행동을 통해 지키고 싶은 것이 있나요?

당연한 것을 지키고 싶어요. 저는 지금 고작 인간답게 살기 위해서 싸우고 있거든요. 제 권리나 생존은 당연하게 지켜야 할 것인데 말이죠. 더 이상 기후 재난에 불안함을 느끼고 싶지 않아요. 작년 여름에는 집 근처 원전이 기후 재난으로부터 안전하지 못했어요. 매일 밤마다 원전 상태를 확인해야 하는 강박과 불면증에 시달렸어요. 이게 말이 된다고 생각하세요? 제게도 안전은 당연한 권리여야 해요.

김해린

처음 기후 위기를 언제 접했나요?

저는 기후 변화를 숫자와 그래프 혹은 책이나 기사 속 텍스트로 접했어요. 솔직히 처음에는 '온실가스 500억 톤' 같은 숫자를 들었을 때 와닿지 않았죠. 들어본 적도 상상해본 적도 없는 숫자여서 그냥 '아, 그렇구나. 많다' 정도의 느낌이었어요.

기후 위기에 대응하기 위해 한 첫 행동이 무엇인가요?

공장식 사육이 메탄가스를 많이 배출한다기에 채식을 했어요. 옷을 만드는 것도 온실가스를 많이 배출한다기에 빈티지 숍을 이용하기도 했어요. 그렇게 한 1년이 지났는데 점점 권태기가 오더라고요. 이렇게 해서 세상이 바뀔까 하는 생각이 들기 시작한 거예요. 절대 안 바뀌죠. 개인의 실천만으로는 이 문제를 해결할 수 없다는 것도 잘 몰랐으니까요. 그러던 중 페이스북에 청소년기후행동의 결석 시위 광고가 뜨는 거예요. 그곳에 가면 나랑 비슷한 사람들을 만날 수 있을 것 같아 참여했어요.

아는 것과 행동하는 것이 분명 다른데, 어떤 마음으로 거리에 나섰나요?

외로움이 가장 큰 이유였던 것 같아요. 환경과 기후변화에 관심을 가지고 혼자 공부할수록 화가 났어요. 주변에 이 주제에 대해 함께 고민할 사람도 없었고요. 그런데 거리로 나가면 나와 비슷한 생각을 하는 사람이 수백 명이나 있을 테고, 어쩐지 분위기도 좋을 거 같았어요. 실제로 정말 좋았고요. 기후 행동이 저한테는 큰 결심이 필요한 일은 아니었기든요. 결석도 해보니 별거 아니더라고요.

결석 시위에 대한 주변의 반응은 어땠나요?

처음 결석 시위에 나갈 때 주변에서는 별말이 없었어요. 선생님께 결석 시위에 참여한다고 했을 때 "지금 뭐가 중요한지 모르니? 꼭 가야 하니?" 같은 말은 안 듣길 바랐는데, 다행히 안 들어서 괜찮았어요. 오히려 지지해주는 분위기라서 다행이라 생각했지만, 아무도 같이 가자고는 안 해서 좀 서운했죠.

마음에 맞는 사람들을 만나서 조금 덜 외로운가요?

오히려 기후 행동을 통해 에너지를 많이 얻어요. 변하지 않는 현실을 보며 낙담하고 실망하는 것 또한 기후 행동의 일부지만, 저는 새로운 세상을 꿈꾸고 실현해가는 과정에 사람들과 함께한다는 것에 더 의의를 두고 있고, 실제로 그렇게 느껴 즐겁고 좋아요.

개인적 실천 단계에서 정부와 기업을 상대하는 일로 바뀌었는데, 그들이 잘하고 있는 거 같나요?

시스템 전환과 문제 해결의 주체여야 할 정부나 기업들의 태도와 대응이 하나같이 너무 소극적이에요. 정의로운 척, 해결의 주체인 척하지만 결국엔 대중과 고객의 요구에 맞추기 위한 반응처럼 보여요. 정부는 강화된 NDC (온실가스 감축 목표) 설정과 이행, 기업은 탄소 중립 경영 시스템을 만들어가는 등 각 주체로서 해야 하는, 할 수 있는 대응이 필요해요.

개인적으로 기후 행동을 통해 지키고 싶은 것은 무엇인가요?

영화나 드라마 같은 걸 보면 항상 무언가를 잃었을 때 그제야 소중함을 알게 되잖아요. 그런 상황이 오기 전에 막고 싶어요. 그리고 그냥 평범한 일상과 행복을 죽기 전까지 누릴 수 있으면 좋겠어요.

마지막으로, 꿈이 뭔가요?

나중에 후회하지 않는 거요. 기후 위기를 새로운 세상을 꿈꿀 기회로 삼아 지치지 않고 똑똑하게 뚜렷한 변화를 만들어내고 싶어요.

김서경

처음 기후 위기를 느꼈을 때가 기억나나요? 어떤 마음이 들었나요?

더워서 사람이 죽고, 장마로 집이 물에 잠기고, 산사태가 나고, 일자리에 타격을 입고, 바다가 죽어가고, 구상나무가 멸종되어가는 것을 보면서 위기를 느꼈어요.

기후 위기에 대응하기 위해 한 첫 행동이 무엇인가요?

결석 시위예요. 처음에는 시위의 투쟁적 이미지 때문에 거부감이 들고 청소년에게 어울리지 않으니 하지 않는 게 좋겠다는 이야기를 많이 들었어요. 하지만 그럴수록 우리만의 시위를 만들 수 있지 않을까 하며 즐겁고 유쾌한 방식을 찾아낸 것 같아요.

결석 시위를 하고 나서 무언가 바뀌는 게 보이던가요?

처음엔 결석 시위를 하면 세상이 변할 줄 알았거든요. 사람이 많이 왔고, 언론도 많은 관심을 보였고요. 근데 안 변하더라고요. 이룬 게 아무것도 없었어요. 계속 절망, 절망···. 너무 답답해서 피켓을 들고 무작정 거리로 나간 적도 있어요. 그냥 거리에서 시민들한테 알려보자는 마음이었죠. 되게 행복했지만 사실 그런다고 세상이 바뀐다거나 하진 않잖아요. 그래서 이후로는 구체적 요구 사항과 목표를 가지고 전략을 짜는 식의 변화가 있었어요.

세계적으로 기후 위기에 대한 청소년의 활동이 주목받고 있어요. 이유가 뭐라고 생각하나요?

지금까지 청소년은 비정치적 존재로 있기를 강요받았고, 주체로서 서기를 거부당했어요. 그랬던 존재들이 거대한 흐름으로서 세상에 요구하기 시작하니까 그냥 신기하게 받아들이는 거 같아요. 어른들의 영역에 목소리를 내는 청소년이잖아요. 우리는 청소년 당사자로서 북극곰이나 어디 먼 나라 사람이 아닌 지금 나의 삶을 지키기 위해 행동하는 거예요. 기후 위기라는 의제를 그냥 동정·선의·취미 영역에 한정하는 게 아니라, 이 세상을 살아가는 사람이라면 누구나 당사자가 될 수 있다고 말해요. 그에 반해 비청소년 집단은 자기 자신이 아닌 우리를 위한다는 태도를 취해요. 얼마나 좋아요? '우리'를 핑계 삼아 자신들의 책임은 지워버리고 선의로 포장할 수 있으니.

모든 기후 위기 이슈가 시급하지만 지금 당장 눈앞에 집중하는 이슈는 무엇인가요?

서천화력발전소 가동을 앞두고 있어요. 현 정부의 탈석탄 선언 이후 첫 발전소 가동이에요. 미친 거죠! 지금도 우리나라는 새로운 석탄 발전소를 짓고 가동하고 심지어는 해외에 투자도 하고 있어요. 이 기후 위기 시대에 말이에요. 이럴 거면 탄소 중립 선언은 왜 하고, 위기라는 말은 왜 할까요? 우리나라 정치인에게 위기는 그냥 남들 다 하는 트렌드지 실제적인 위기가 아니에요.

그럼 문제 해결을 위해 구체적으로 무엇을 요구하고 싶어요?

석탄 발전소를 2030년까지 모두 중단해야 해요. 개인적 실천을 강조하는 언어를 전부 버리고요. 온실가스 감축 계획을 2030년까지 2017년 대비 70% 이상 감축해야 해요. 그리고 제발 보다 많은 당사자의 목소리를 들어야 해요. 현실적으로 어렵다는 말을 할 땐 벌금을 물었으면 좋겠어요. 실제로 현 정부는 현실적으로 어려우니 사람들이 죽든 말든 천천히 가겠다는 입장인데, 제발 상식적인 행동을 해줬으면 좋겠어요.

직접 기후 정책을 결정할 수 있다면 어떤 법을 만들고 싶은가요?

"현실적으로 어렵다" "청(소)년들이 더 열심히 행동하면 바뀔 수 있다" 등의 책임 떠넘기는 발언을 하거나 말과 행동이 따로 놀면(2050년에 탄소 중립을 할 거지만 2050년에도 석탄 발전은 할 거야!) 벌금을 무는 법요. 한 번 할 때마다 217억씩 내면 좋겠네요.

그런데 또래 친구들과 조금 다른 삶을 사는 게 특별하게 느껴지나요?

모든 사람의 삶이 똑같지 않은데, 저라고 뭐 특별할 게 있나요? 근데 힘들어요. 4년 동안 한결같이 무력해서 힘들어요. 체력적으로도 당연히 힘들고 정신적으로도 힘들고, 할 일은 많은데 못 하니까 더 힘들고. 뭘 당연한 걸 물어봐요?

학교 대신 광장에 모인 아이들

구구절절한 백 마디 말보다 한 줄의 유머가 세계를 바꾼다.

©Bob McClure

우리가 학교를 짼 건 당신들이 우리의 미래를 버렸기 때문이야!
WE ARE DITCHING SCHOOL BECAUSE YOU ARE DITCHING OUR FUTURE!

©Garry Knight

엘리사 공주가 이제 정리할 시간이래요.　　　　요정의 가루로는 지구를 고칠 수 없어요.
PRINCESS ELISA SAYS IT'S TIDY-UP TIME.　　　**FAIRY DUST WON'T FIX THIS.**

어른들은 나이가 들어 죽겠지만, 우리는 기후 변화 때문에 죽을 거야.
YOU'LL DIE OF OLD AGE, I'LL DIE OF CLIMATE CHANGE.

니모를 지키기 위해 투표해주세요!
VOTE TO SAVE NEMO!

진짜 별로야, 나처럼 내성적인 사람도 시위에 나오게 하다니.
SO BAD, EVEN INTROVERTS ARE HERE.

기후변화가 숙제보다 더 중요해.
CLIMATE CHANGE IS WORSE THAN HOMEWORK.

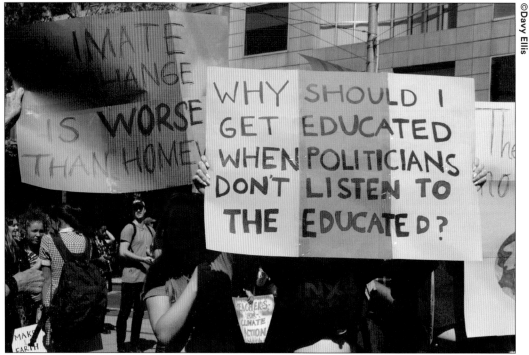

©Davy Ellis

정치인들도 배운 사람의 말을 듣지 않는데, 왜 내가 교육을 받아야 하지?
WHY SHOULD I GET EDUCATED WHEN POLITICIANS
DON'T LISTEN TO THE EDUCATED?

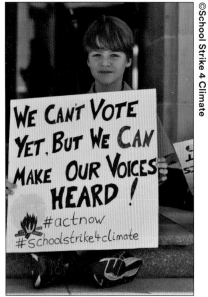

©School Strike 4 Climate

우리는 아직 투표할 수 없지만,
목소리를 낼 순 있어!
WE CAN'T VOTE YET,
BUT WE CAN MAKE OUR VOICES HEARD!

내 미래를 훔쳐가지 마!
DON'T STEAL MY FUTURE!

©Bob McClure

지구가 없으면 넷플릭스도 없어.
NO PLANET NO NETFLIX.

빙하는 이제 스무디가 됐어.
GLETSCHER JETZT AUCH ALS SMOOTHIE.

스콧 모리슨 총리, 우리의 행동이 무섭니? 우리는 당신이 행동하지 않는 게 더 무서워!
PM SCOMO. DOES OUR 'ACTIVISM' SCARE YOU? YOUR INACTION SCARES US!

우리의 집을 지켜주세요.
PROTECT OUR HOME.

기후 위기에 대해 '매력적으로' 말하는 법

ART

EDITOR. Jiyeong Kim

누군가에겐 공익 포스터
문구처럼 느껴질
'환경보호'를 주제로
압도적 아름다움을
펼쳐내는 아티스트,
올라푸르 엘리아손에게
배우는 설득의 기술.

베르사유궁전 앞 분수 위에 거대한 폭포가 생겼다. 테이트 모던 미술관의 중앙 홀에는 거대한 태양이 떠올랐다. 어떻게 이런 일이 벌어진 걸까? 세계적으로 유명한 장소에서 이런 대담한 시도를 한 주인공은 아이슬란드계 덴마크 설치 예술가 올라푸르 엘리아손. 그는 테이트 모던 미술관에 설치한 프로젝트를 통해 현대예술이 동원한 최다 관람객이라는 스코어와 함께 예술계에서 일약 스타로 떠올랐으며, 같은 해 제50회 베네치아 비엔날레에서 덴마크 국가관을 대표하는 작가로 활약했다. 2016년 다보스 세계경제포럼에서는 기후, 환경, 난민 문제 등에 관한 예술 활동을 펼쳐온 그의 업적을 기려 '세상을 변화시키는 작가'로 선정하고 상을 수여했다. 같은 해 국내 리움 미술관에서도 그의 작품 세계를 집중 조명한 특별 전시('세상의 모든 가능성')를 열었다.

자연환경과 기후 위기에 깊은 관심을 가지고 있던 그는 그린란드에서 직접 캐낸 거대한 빙하를 대도시 한복판에 가져다 놓기도 했다. 그의 작품들은 단순히 새로운 충격을 주는 것이 아니라 우리가 회피하고 있던 기후변화라는 이슈에 스스로 손을 뻗어 느끼도록 우리를 움직였다. 빙하가 녹고 있다는 이야기를 들은 지 벌써 수십 년. 뻔하디뻔한 줄 알았던 기후변화 이슈로 그는 대체 어떤 마법을 부린 걸까? 수없이 반복해도 들리지 않던 말들을 그는 어떻게 듣게 만들었을까?

북유럽의 자연에서 영감을 얻어 거대한 자연 현상을 모티브로 그가 만들어내는 스펙터클은 탄성을 자아내게 하고 뒤이어 이러한 자연에 우리가 가하고 있는 위협, 기후변화의 위기를 온몸으로 깨닫게 한다. 사람들을 한순간에 사로잡은 올라푸르 엘리아손의 다양한 예술적 시도에서 다섯 가지 설득의 기술을 배워본다.

1.

일단 마음이 동했다면 끝.
다양한 감각을 사용해
감정을 움직여라.

도시 한복판으로 배달된 그린란드의 빙하, 110톤

저 멀리 있는 빙하가 "나 여기서 녹고 있어요!" 아무리 소리 높여 외쳐봐야 이역만리 떨어진 이곳에서 들릴 리가 없다. 기후변화와 녹아가는 빙하의 모습은 이제 우리에게 충격을 주지 못한다. 아니, 그렇게 생각했다. 올라푸르의 작품을 보기 전까지. 그는 그린란드에 있는 빙하를 캐내어 그대로 도시 한복판에 가져다 두었다. 당신이 길을 걷다가 거대한 얼음이 녹고 있는 모습을 본다면 어떨까? 이 단순한 행위가 가져온 파장은 컸다.

우연히 빙하를 마주한 사람들은 자신도 모르게 그 푸르고 차가운 얼음덩어리에 손을 내민다. 이내 볼을 가져다 대고 끌어안는 사람들. '아이스 워치Ice Watch'는 북극에서 녹고 있는 빙하를 보고 두려움을 느낀 엘리아손이 2015년 파리 기후변화협약회의에 맞춰 진행한 프로젝트다. 지질학자, 잠수부, 항만 노동자와 함께 그린란드 누프 캉에를루아 Nuup Kangerlua 피오르 해역에 떠다니고 있는 빙하를 건져낸 다음 컨테이너에 실어 파리 판테온 광장에 설치했다. (이 과정에서도 원래의 빙하를 훼손하지 않고 탄소 발자국을 줄이는 것에 주의했다.) 그렇게 실려온 빙하는 완전히 물이 되어 녹을 때까지 별들인 그것에서 무엇인 사람일 인있다. 녹고 있는 빙하를 쓰다듬고 십시만들 때 어떤 감정을 느낄까? 사라짐을 상상하는 것이 아니라 다양한 감각을 통해 직접 느낀다. 그 차가운 감각은 생생히, 그리고 깊숙이 각인될 것이다.

북부 아이슬란드의 순록 이끼로 만든 거대한 벽인 '모스 월 Moss Wall'(1994)을 보러 간 관객들은 미술관에 들어서기도 전부터 냄새로 작품을 느끼기 시작했다. 거리감을 두고 그저 바라만 보도록 하는 것이 아니라 마음껏 만질 수 있도록 하는 파격도 신선하다. 아이들은 이끼에 손과 볼을 가져다 대고 그 촉감을 느낀다. 먼 땅에서 온 생명의 냄새를 맡고 촉감을 느끼며 우리는 먼 곳과 연결되는 경험을 한다.

아무리 심각한 데이터도, 넘쳐나는 텍스트로도 쉽게 할 수 없는 일이 사람들의 감정을 움직이는 것이다. 자연과 교감하고 있는 스스로를 볼 때 우리는 우리 또한 자연의 일부임을 몸속에 각인시킨다. 행동은 말이 아니라 감정을 통해 더 극적으로 바뀐다.

'아이스 워치', 테이트 모던 미술관 야외 설치, 사진: 저스틴 서트클리프 ©2018 Olafur Eliasson

'모스 월', 테이트 모던 미술관 설치, 2019, 사진: 안데르스 주네 베르크 ©1994 Olafur Eliasson

2.
일단 주목을 끈다.
먼저 압도하고
의미는 나중에.

"세상에 단 하나뿐인 태양이 미술관 안에도 떴다고?"

올라푸르의 다양한 예술 프로젝트는 한마디로 압도적이다. 우선 사람들을 작품에 주목할 수밖에 없도록 만든다. 도심 한복판에 나타난 거대한 폭포, 빙하, 제2의 태양. 그가 사용하는 재료에는 어떤 제한도 없다. 그의 예술적 시도에는 상상을 끝까지 밀어붙이는 힘이 있다. 담대한 상상력은 어떤 구구절절한 설명보다 강력하다.

2003년 영국 런던 테이트 모던 미술관 중앙 터빈홀에 설치한 '날씨 프로젝트The Weather Project'에서는 심지어 태양을 실내 공간 안으로 가져왔다. 거대한 태양은 사실 수백 개의 램프로 만든 반원 형태의 인공물. 천장에 설치한 거대한 거울로 비추어 나머지 절반의 태양을 완성했다. 공간을 더욱 신비스러운 기운으로 가득하게 만든 안개 또한 노즐이 그대로 드러난 기계식 장식에서 뿜어져 나왔다. 하지만 인공적으로 만든 태양이라는 사실은 중요하지 않다. 이미 이 공간과 상상력의 결과물에 압도된 관객들은 성스러운 대자연의 신비를 맞이하듯 거대한 인공 태양의 빛을 천천히 누렸다. 파격적인 콘셉트로 세상에 충격을 안겼던 '날씨 프로젝트'는 전시가 진행되는 6개월 동안 200만 명이 방문하는 기록을 세웠다.

한 10년 전쯤 남미 대륙의 끝에서 모레노 빙하를 본 적이 있다. 30km의 길이에 5km의 폭, 60m 높이의 거대한 얼음덩어리. 끝이 보이지 않던 푸른 빙하가 한 조각씩 쪼개지더니 거대한 덩어리가 되어 굉음을 내며 바닷속으로 사라졌다. 그렇게 세상 끝까지 찾아가지 않고서야 볼 수 없는 빙하를 올라푸르는 도시 한복판으로 가져왔다. 베르사유 궁전 앞에 있는 아름다운 분수 위에는 아무도 상상한 적 없는 인공 폭포를 만들었다. 심지어 이 인공 폭포는 물 위에 둥둥 떠 있는 것처럼 보인다!

관객들은 먼저 탄성을 지르고 다음으로 의미를 찾는다. 도시 한복판에 나타난 빙하와 폭포도 마찬가지였다. 그는 우리가 불가능하다고 생각한 것을 우리 눈앞에 불러왔다. 사람들을 설득하고 싶은가? 그렇다면 우선 사람들의 이목을 끌어야 한다. 먼저 압도하고 나면 당신이 설득하려고 애써 노력할 필요도 없이 사람들이 먼저 자신이 방금 느낀 이 엄청난 것의 의미를 찾고 싶어 안달 날 것이다.

'날씨 프로젝트', 테이트 모던 미술관, 2003, 사진: 앤드루 던클리 & 마커스 리스 ⓒ2003 Olafur Eliasson

"세상을 경험하는 방식을 바꾸면 세상이 바뀝니다. 예술은 현실에서 벗어나 꿈나라로 가는 게 아니에요. 오히려 스튜디오에 와서 세상을 현미경으로 들여다보죠. 그러면서 이야기는 흥미로워집니다. 우리가 관심을 가지는 것은 산이나 자연경관이 아니라 결국 자기 자신이거든요."

3.

뒤통수를 쳐도 좋다.
의외성을 만들고
개인적 경험과
연결시켜라.

"도시 곳곳에서 갑자기 강물이 초록색으로 바뀌었다."

세 번째는 게릴라 전법이다. 원래 뒤통수도 안 그럴 것 같은 사람이 치는 게 더 충격적인 법이다. 익숙하던 것이 만들어내는 변화는 때로 더욱 드라마틱하게 다가온다.

올라푸르 엘리아손은 스톡홀름, 도쿄, 로스앤젤레스를 포함해 세계 6개 도시의 강물을 초록색으로 물들였다('Green River', 2000). 어디에도 예고하지 않은 일이다. 환경에 무해한 형광 염료는 물살에 더욱 빠르게 퍼져나가 순식간에 강물을 완전히 초록색으로 바꾸었다. 익숙하지만 완전히 바뀌어버린 어떤 것을 바라보는 사람들. 그동안 강물을 정지된 사물처럼 그저 스쳐 지나간 도시 사람들은 드디어 눈을 돌려 그것을 바라보았다. 자신을 둘러싸고 있는 환경과 비로소 다시 연결된 것이다. 놀라움과 충격 속에서 사람들은 자연의 의미를 체감했다.

올라푸르는 일상 속에 침투해서 생소한 맥락을 만드는 데 일가견이 있다. '워터폴' 프로젝트는 그가 뉴욕 해안, 브루클린 브리지 등 뉴욕 곳곳에 만든 인공 폭포 시리즈다. 환경에 미칠 영향을 검토하느라 기획부터 설치까지 2년의 시간이 소요되었으며, 설계·엔지니어링·건설 등 다양한 전문가로 구성된 팀과 함께 작업했다. 실제 강물을 끌어 올려서 30m 높이의 폭포를 구현했다. 완전히 새로운 것을 창조한 게 아니다. 우리가 자주 보던 폭포를 우리가 늘 지나다니는 도심 속에 가져다 두었을 뿐. 하지만 이 묘한 비틀림은 우리의 감각을 극적으로 자극시킨다. 이 프로젝트 또한 폭포 주변을 관람하기 위해 자전거, 보트 투어를 운영할 정도로 큰 화제를 모았다.

그가 폭포를 통해 의도한 바 또한 일상을 비트는 시각이었다. "브루클린 브리지가 이렇게 크구나" "이스트강이 이렇게 넓었다니" 같은 식이다. 사람들은 폭포라는 자연물을 통해 자신에게 익숙한 대상을 새롭게 인지한다. 폭포 크기를 자기 주변의 사물을 통해 가늠하며 새로운 시각으로 바라보게 되는 것이다.

'아이스 워치' 프로젝트 또한 이러한 의외성을 극대화해 사람들에게 기후 위기의 경각심을 완전히 새로운 차원에서 주지시켰다. 전쟁에서도 스포츠에서도 큰 힘 들이지 않고 승부에 이기려면 상대가 방심한 순간을 잘 포착해야 한다. 타이밍 맞게 날리는 일격은 어떤 무기보다 강력할 수 있다.

'그린 리버', 스톡홀름, 사진: 올라푸르 엘리아손 ©1998 Olafur Eliasson

'워터풀', 베르사유궁전, 사진: 안데르스 주네 베르크 ©1998 Olafur Eliasson

OLAFUR's COMMENT

"흔한 햇빛이라고 생각하던 것도 사실 가는 곳마다 달라요. 우리 주변 환경을 당연한 듯이
받아들여서는 안 됩니다. 노력만 한다면 더 많은 것을 볼 수 있다는 걸 알아야 합니다.
현실이 상대적이라는 것을 알면 바꿀 수도 있다는 걸 알게 됩니다."

4.
스스로 생각하도록
여백을 만들어준다.

보이지 않는 것을 보이게 만드는 직설적 화법을 구사하는 올라푸르는 때로 아무것도 볼 수 없게 만드는 극단적 방법을 선택하기도 한다. 관객이 스스로 생각할 수 있도록 하기 위해서다. 공간에 여백을 만드는 것은 그가 자주 사용하는 방법 중 하나다. 때로는 한 줄기 빛밖에 존재하지 않는 공간을 만들기도 하고('Contact', 2014), 안개로 가득한 공간을 만들기도 하고('The Meditated Motion' 'Din Blinde Passager'), 모든 색을 지워버리는 상징적 공간('Room for One Color', 1997)을 만들기도 한다. 같은 공간에서 심지어 같은 시간에 관람한 관객이더라도 모두 다른 것을 느끼고 생각할 수밖에 없다.

'날씨 프로젝트'를 홍보할 때도 그는 자신의 의도나 과정과 관련해 어떤 정보도 제공하지 않았다. 관객들이 받아 든 카탈로그에는 그저 날씨에 대한 간단한 질문과 통계가 실려 있을 뿐. 예를 들면 이런 식이다. "얼마나 자주 날씨에 대해 이야기합니까?" "우리 사회에서 날씨에 대한 생각은 자연과 문화 중 어느 것에 기반한다고 생각하십니까?" 수수께끼같이 알쏭달쏭한 정보만 듣고 미술관을 찾은 관객은 들어서는 순간, 이전까지 전혀 상상하지 못한 순간을 맞이한다. 안개 속에 휩싸인 채로 천천히 걸어가 거대한 태양 가까이 다가가는 동안 관객은 온전히 자신이 인지하는 것을 토대로만 상상을 펼쳐나갈 수 있다. 오직 하나의 빛만이 공간을 휘감고 있는 곳에서 관객들은 내키는 대로 눕거나 움직이면서 순간 속에 머무른다. 그렇게 얻은 감상은 오롯이 자신만의 것이다.

사람들은 흔히 인상적인 결과물을 얻기 위해서는 그만큼 인상적으로 복잡하고 어려운 수단이 있어야 한다고 생각한다. 하지만 올라푸르는 관객이 적극적으로 자신의 의미를 만들어나가는 것의 중요성에 대해 지독할 만큼 반복해서 말한다. 관객 스스로 느끼고 떠올린 것이기 때문에 설득할 필요가 없다. 온전한 자유는 적극적으로 개입하도록 만든다. 그러기 위해서는 여백이 필요하다.

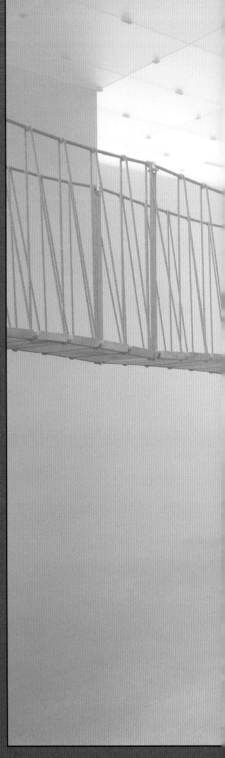

'집중의 움직임', 브레겐츠 미술관, 오스트리아, 사진: 마르쿠스 트레터 ©2001 Olafur Eliasson

5.
사람들의 자발적 의지를 이끌어낸다. 쉽고 재밌는 방식으로!

"에티오피아에 수많은 작은 태양이 떴다!"

올라푸르 엘리아손은 단지 사람들을 놀라게 하는 것에서 그치지 않았다. 행동으로 참여하는 방법을 함께 고민했다. 예술이 개인적 경험에서 끝나는 것이 아니라 세상을 바꾸는 계기가 되어야 한다고 믿기 때문이다. 그의 작품은 현실에 발을 딛고 서 있다. 세계인 여덟 명 중 한 명은 빛을 누리지 못한다는 현실을 알게 되었을 때, 그는 그러한 현실을 외면하지 않았다.

그는 '날씨 프로젝트'의 거대한 태양에서 영감을 받아 이번엔 반대로 아주 작은 태양을 만들었다. 태양전지로 작동하는 노란색 해바라기 모양의 작은 램프. 그리고 무려 이것을 판매하는 사회적 기업을 만들었다. 세계 인구 중 약 11억 명이 전기의 혜택을 받지 못하는 현실에 작은 빛을 쏘이기 위한 시도다. 전기 대신 사용하는 등유 램프는 탄소 배출의 주범이기도 하다. '리틀 선 Little Sun'(2014)은 태양으로 충전하기 때문에 지속 가능하며 친환경적이기도 하다는 점에서 자연에 대한 그의 관점과 맞닿아 있다. '리틀 선' 프로젝트는 우리를 전기가 들어오지 않는 아프리카 지역의 사람들과 연결시킨다. 사람들은 그저 귀엽고 작은 태양 램프를 사는 것만으로도 간단하게 선의의 행동에 동참할 수 있다. 혹하지 않는가?

또 하나의 귀여운 프로젝트가 있다. '지구 스피커 Earth Speaker'(2020)는 버려지는 사물의 얼굴을 빌려 어린이의 목소리로 기후 위기 메시지를 전한다. 환경오염의 결과를 고스란히 받아들이고 살아가야 하는 미래 세대를 위해 그들이 스스로 목소리를 낼 수 있도록 증강현실 애플리케이션을 만든 것이다. 버려진 플라스틱 페트병이나 오염된 바닷물 등의 애니메이션에 아이들의 얼굴을 3차원으로 입혀 실제로 살아 있는 듯 표정을 움직이며 이야기한다. 아이들은 게임에 참여하듯 재미있게 자신의 얼굴과 목소리로 영상을 만든다. 독일을 비롯해 유럽 전역에서 다양한 아이가 참여했고, 그 위치는 지도에 매핑되어 있다. 산뜻한 UI와 톡톡 튀는 컬러풀한 디자인이 부담스럽지 않게 사람들을 끌어당긴다.

예술은 절망보다는 희망을 이야기해야 한다고 믿는 올라푸르. 그의 희망이 작은 불빛처럼 번져 우리의 생각을 행동으로 차츰 옮기고 있다. 사람들을 설득하고 싶다면 즐거운 에너지를 먼저 끌어모아보자. 세상은 항상 해피엔드로 끝나는 동화가 아니지만, 우리는 언제나 긍정적이고 밝은 이야기를 더 듣고 싶어 하니까.

'리틀 선', 에티오피아 ©Merklit Mersha

"제가 속한 예술계는 고가의 예술 작품을 다루는 분야이고 인적자원도 풍부합니다. 이런 프로젝트는 부 富나 인적자원이 풍부하지 않은 지역과 대화를 하기 위한 시도입니다. 창의성을 발휘해서 예술을 하는 것도 좋지만, 누군가 다른 사람들의 행복과 연관되어 있을 때 느끼는 보람이 더 크죠. 누군가를 대신해서 예술 작품을 하는 것이 예술가의 일이라고 생각합니다."

Earth Speaker ©Olafur Eliasson

220

아티스트의 코멘트는 올라푸르 엘리아손의 작품 세계를 다룬 넷플릭스
다큐멘터리 <앱스트랙트: 디자인의 미학>에서 인용했습니다.

66

고칠 방법을
제발 그만

1.5°C

모른다면 망가뜨리세요.

환경 운동가, 세번 스즈키 SEVERN SUZUKI

99

YOUR MAILBOX IS FULL

아니, 메일함을
비우라니요?

자연을 위해 고지서도 뉴스도 모두 메일로 받아보자고 했잖아요.
그런데 이제 와서 이메일이 환경오염을 유발한다고요?

EDITOR. Seohyung Jo / ILLUSTRATOR. Nammyung Kim

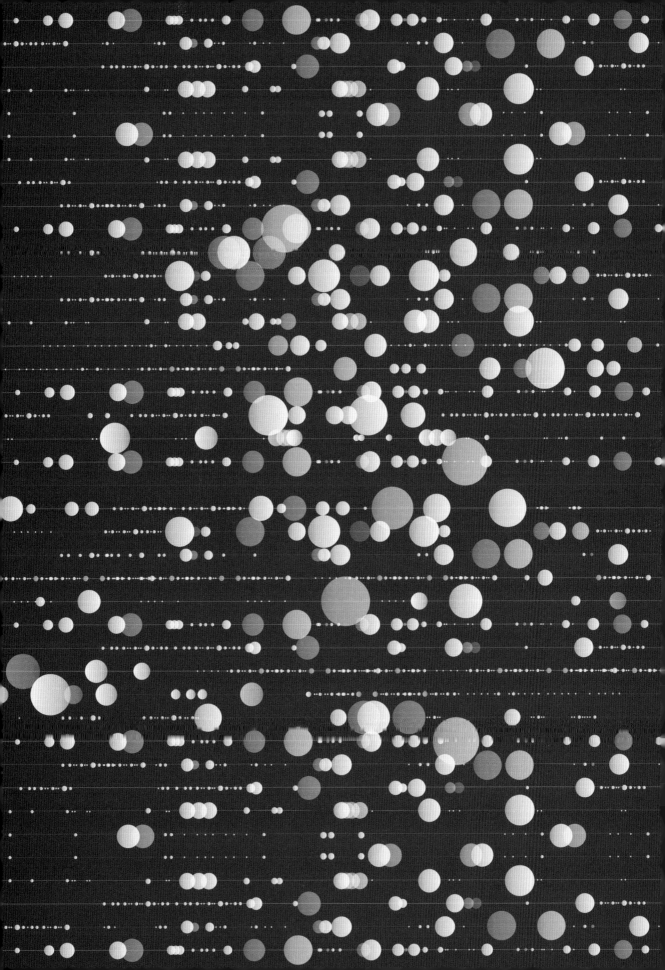

인터넷은 이메일을 보내기 위해 만들었다면서요?

지금이야 웹 서핑과 검색 등 다양한 서비스를 제공하고 있지만, 인터넷은 원래 컴퓨터에서 컴퓨터로 메시지를 보내기 위한 네트워크였습니다. 이메일의 시작점은 딱 집어 말하기 어려운데요, 1961년부터 1977년까지 10년 넘게 네트워크를 활용해 컴퓨터에서 컴퓨터로 메시지를 보내려는 움직임이 계속 있어왔기 때문입니다. 1965년에는 MIT 연구진이 컴퓨터끼리 파일과 메시지를 주고받는 방법을 알아냈고, 1969년에는 메시지를 전송하기 위한 네트워크를 처음 시도했으며, 1971년에는 사용자 계정과 이메일 서버를 구분하는 골뱅이(@) 기호를 쓰는 메일을 처음 사용했습니다.

한국에 인터넷이 대중화하기 전인 1990년대 PC 통신 시절, 전자메일이 있었습니다. 이 시절에는 서비스 제공자끼리 협조가 안 돼서 같은 서비스 가입자끼리만 메일을 보낼 수 있었습니다. "문의는 천리안 105orless 또는 하이텔 1.5degreecelsius로 주세요"처럼 서비스별로 계정을 운영하는 경우가 많았죠. 전자메일이라는 이름은 마이크로소프트에서 현지화 정책상 'e-mail'을 풀어 쓴 것입니다. '전자 편지'라고 번역하지 않은 이유는 우체국을 통한 편지 전달 체계와 직감적으로 구분하기 위해서입니다.
1996년에는 무료 이메일 서비스를 시작했습니다. 기업들은 즉각 메시지와 파일을 주고받으며 소통을 시작했고요. 직장 동료와 상사, 고객과 소통하는 방식은 이메일의 사용으로 완전히 변했습니다. 아침이면 우편함의 넘치는 편지를 정리하며 하루를 시작하던 모습은 역사 속으로 사라집니다.

당시 이메일은 종이를 만들고 인쇄하고 배달하는 데서 발생하는 수많은 비용과 자원을 획기적으로 줄인 발명품이었습니다.

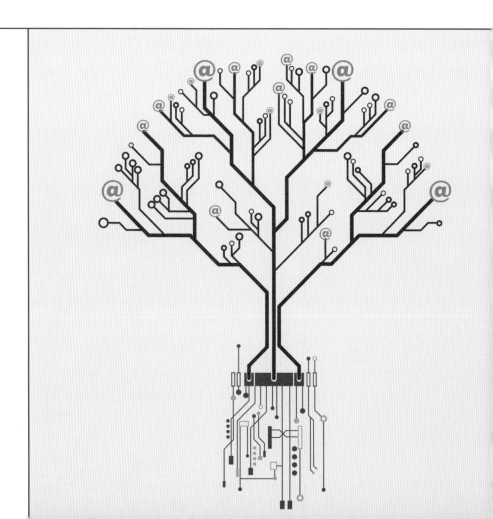

아니, 메일함을 비우라니요?

이메일은 여전히 낭비를 줄인 발명품일까요?

1978년 '스팸'이라는 단어가 처음 등장했습니다. 그리고 1990년대 중·후반 핫메일 Hotmail 같은 무료 이메일 서비스업체가 생기면서 이메일 마케팅은 급격히 증가했습니다. 제작비도 사용료도 없는 이메일은 마케팅 용도로 큰 사랑을 받았습니다. 2000년대에는 메일침프 Mailchimp처럼 전체 메일 송신을 위한 마케팅 제공자까지 생겨나기도 했습니다. 그리고 본격적으로 사람들의 메일함은 '아직 읽지 않은 메일'로 넘쳐나게 되었습니다.
1997년 1000만 개이던 이메일 계정 수는 현재 40억 개가 운영되고 있습니다. 인터넷의 보급과 스마트폰 사용으로 이메일 송수신 횟수는 기하급수적으로 늘었습니다. 오늘날에는 하루 평균 2936억 개의 이메일이 오가고 있습니다.

여기서 우리가 간과한 점이 있습니다. 이메일은 제작 과정에서 어떤 자원도 활용하지 않는 걸까요? 당신의 컴퓨터에서 이메일이 출발해서 다른 컴퓨터에 도착하기까지 경로를 따라가보았습니다. 먼서 메시지를 타이핑할 때 전기에너지가 필요합니다. 스마트폰 또는 PC를 충전해야 하고 상황에 따라 키보드와 마우스까지 필요할 수도 있겠지요. 메일 작성을 마치고 전송 버튼을 누르면 메시지가 네트워크를 통해 이동하고, 받는 사람의 서버 IP에 무사히 안착합니다. 이 네트워크를 운영하는 데도 전기에너지가 필요하지요. 메시지가 도착했다는 사실은 송신자와 수신자 외에도 '데이터 센터'가 알고 있습니다. 자료를 보관하고 서버를 운영하는 창고인 데이터 센터는 오고 간 모든 메시지 내용과 행적을 24시간, 365일, 1분도 쉬지 않고 기억하고 있습니다. 이메일은 보이지 않는 서버를 통해 전송되지만 그 내용은 오프라인 공간에 저장되는 것입니다. 데이터 센터가 많은 내용을 계속 기억하도록 하는 데는 엄청난 양의 전기에너지가 필요합니다.

이 데이터 센터 역시 시대에 따라 발전해왔습니다. 늘어나는 수요에 맞춰 커지고 많아졌죠. 그 시작은 1980년대입니다. 이메일 사용과 함께 데이터 사용량은 많아졌습니다. 관계자들은 산발적으로 흩어져 있는 자원을 한곳에 모아 관리하는 방법을 고민하기 시작했습니다. 그 결과로 1990년대에 데이터 센터의 초창기 형태인 전산실 설비가 기업마다 등장했지요.
데이터 센터의 발전이 본격적으로 이뤄진 것은 1990년대 말과 2000년대 초반입니다. 이즈음 벤처기업의 수가 빠르게 늘어났습니다. 그들은 비용상 문제로 독자적인 전산실을 운영하기 어려운 경우가 많았습니다. 그러자 그들을 위한 데이터 센터 비즈니스가 시작되었습니다. 현재는 서버를 운영하는 큰 기업도 자체 전산실 대신 전문화한 데이터 센터를 이용하는 경우가 대부분입니다.

요즘 데이터 센터의 화두는 '클라우드'입니다. 클라우드는 서버와 저장 공간 같은 IT 자원을 네트워크를 통해 사용자에게 제공하는 모델입니다. 서버에서 직접 필요한 정보를 불러오기 때문에 원하는 데이터를 언제 어디서든 사용할 수 있으며, 사용한 만큼만 요금을 내는 것이 장점입니다. 언제 누가 무엇을 원할지 모르기 때문에 탄력적으로 대응하는 게 중요해졌습니다. 이에 맞춰 기술도 새로운 기기를 몇 분 안에 설치하고 투입할 수 있도록 발전했습니다.

공장이 하루 생산량과 품질로 평가받는 것처럼 데이터 센터도 얼마나 많은 서버를 안정적으로 운영하는지가 평가 기준이 됩니다. 네트워크 환경은 말할 것도 없고 백업 시스템, 보안 시스템, 공조 시스템을 비롯해 화재는 물론 폭우나 태풍 같은 환경 재해를 극복하는 시설까지 갖추는 것이 요즘의 데이터 센터 표준입니다.

국내 데이터 센터의 개수는 2000년 53개이던 것이 지금은 현재 짓고 있는 것을 포함해 205개나 됩니다. 그리고 이러한 데이터 센터에는 종이 우편 시대와는 비교도 되지 않을 정도로 많은 천문학적 자원과 돈이 들어갑니다. 오늘날의 데이터 센터를 '전기 먹는 하마'라 부르고 있거든요. 정보 통신 산업이 굴뚝 없는 청정 산업이라는 주장은 옛말이 된 것입니다.

이메일을 주고받는 데 무슨 자원이 그렇게 들어가느냐고요?

데이터 센터 하나가 소비하는 전력은 우리나라 중소 도시에서 사용하는 전력과 맞먹습니다. 시설 운영 면에서 단위면적당 가장 높은 전력을 사용하는 곳이에요. 클라우드 컴퓨팅, 빅데이터, 인공지능, 5G 기술 발전과 함께 4차 산업혁명이 진행될수록 필요한 데이터의 양은 늘어납니다. 2년마다 2배씩 지속적으로 늘어왔어요. 2020년에는 40제타바이트에 다다랐는데, 이걸 수치로 환산하면 4조GB, 즉 40,000,000,000,000,000,000,000KB에 해당하는 방대한 양이에요. 이는 모든 인류가 각자 5247GB의 데이터를 가지고 사는 셈입니다. 늘어나는 데이터의 양을 감당하기 위해 데이터 센터는 나날이 확장되고 있으며, 데이터를 저장하는 서버 역시 날이 갈수록 고집적화·고발열화하고 있습니다.

초대형 데이터 센터의 경우에는 고성능 컴퓨터를 동시에 50만 대까지 가동합니다. 한 대에 300Wh의 전기가 필요하다고 할 때, 데이터 센터 전체로 보면 1억5000만Wh를 소비하는 것입니다. 이러한 하이퍼 스케일 데이터 센터는 현재 전 세계에 541개로, 5년 전과 비교하면 2배 넘게 늘어났습니다. 지금도 여전히 빠르게 늘어나고 있고요. 생각해보세요. 수십만 대의 컴퓨터가 한방에 모여 저마다 인터넷 서비스에 필요한 프로그램을 돌리고 있어요. 1초도 꺼지지 않고 부지런히 일을 해요. 100Wh 전구 하나도 1시간 켜놓으면 손 닿기 무서울 만큼 발열하는데, 데이터 센터는 얼마나 뜨거울까요?

데이터 센터의 전력 비용은 운영 원가의 90% 이상을 차지합니다. 데이터 센터의 총 전력 사용량 중 반은 컴퓨터에 들어가요. 40%는 컴퓨터에서 나온 열을 식히기 위한 냉동기, 냉각탑, 항온·항습기, 팬 등 설비에 사용하고요. 2020년 세계 데이터 센터의 열을 식히기 위해 사용한 전기가 무려 1조9370억kWh였어요. 이는 우리나라 연간 전기 사용량의 4배에 해당하는 양입니다. 이대로라면 2040년에는 데이터 센터를 가동하기 위해 전 세계 사람이 일상에서 사용하는 전기 모두를 양보해야 할 지경이에요.

출처: Statista,
Number of Sent and
received e-mails per day
Worldwide (2020)

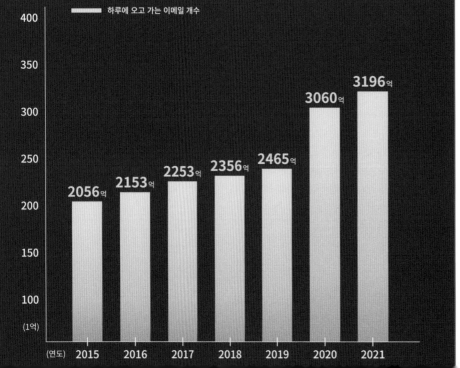

하루에 오고 가는 이메일 개수

연도	2015	2016	2017	2018	2019	2020	2021
(1억)	2056억	2153억	2253억	2356억	2465억	3060억	3196억

4,000,000,000,000GB

현재 인류가 필요로 하는 데이터의 양 4조 GB

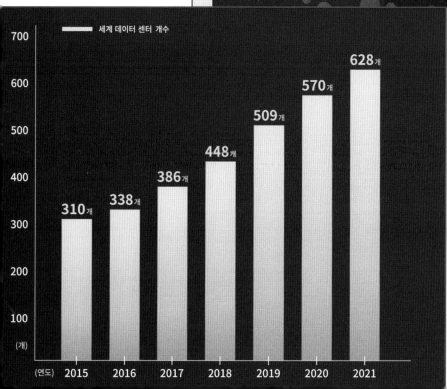

세계 데이터 센터 개수

- 2015: 310개
- 2016: 338개
- 2017: 386개
- 2018: 448개
- 2019: 509개
- 2020: 570개
- 2021: 628개

(개)

(연도)

출처: Synergy Research Group,
Number of Data Center
Worldwide (2020)

그래서 다들 움직이고 있습니다. 보세요, 이렇게요.

IT 기업들은 데이터 센터의 소비 전력을 절감할 수 있는 방법을 찾고 있습니다. 저전력 메모리를 탑재하거나, 기존 서버 3.75대를 대체할 수 있는 역량의 하이퍼 스케일 데이터 센터로 전환하거나, 효율적인 냉방 방식을 연구하는 식으로요. 다음은 그 예시입니다.

네이버 각

국내 IT 기업 최초의 데이터 센터. 2013년 6월 강원도 춘천시에 1500억 원을 들여 '각 閣 춘천'을 지었습니다. 그리고 올해 세종특별자치시에 각 춘천보다 6배 이상 큰 규모의 네이버 두 번째 데이터 센터 '각 세종'을 짓고 있고요. 네이버의 데이터 센터 각은 에너지 효율을 위한 '나무 NAMU' 기술을 사용하고 있습니다. 찬물이 흐르는 벽에 강원도 산간지형의 찬 바람을 통과시켜 서버실의 온도를 낮춰줍니다. 센터 자체를 V자형으로 설계해 자연풍을 효율적으로 사용하게 만들었고요. 더운 공기와 찬 공기가 섞이지 않고 바깥바람은 안으로, 서버실의 열기는 밖으로 나갈 수 있도록 '차폐 시스템'을 구축하기도 했습니다. 데워진 공기를 도로 열선과 온실 식물 기르기에 활용하기도 합니다.

NAVER

삼성 SDS 데이터 센터

삼성 SDS는 국내에 5개, 해외에 4개의 데이터 센터를 운영하고 있습니다. 이들의 데이터 센터는 전력이 새어나갈 틈새를 최소화하기 위해 자체 개발한 기술을 활용합니다. 서버실의 에어컨 작동을 효율적으로 조절할 수 있는 인공지능 기술을 사용하고 있으며, 소비 전력과 온실가스 배출량을 실시간으로 집계하기도 합니다. 변압기를 거쳐 서버실에 도착할 때의 전력 손실을 최소화하기 위해 무절전 전원 장치도 설치했습니다. 이 설비 덕에 가장 최근에 지은 춘천의 데이터 센터는 기존 센터 대비 냉방 전력 57%, 총전력 21%를 감축했습니다. 절전형 플래시 메모리와 SSD를 적용해 에너지 효율성을 극대화했으며, 180kW의 전력을 생산하는 태양광 패널도 적극 활용하고 있습니다.

SAMSUNG SDS

MICROSOFT

마이크로소프트 나틱 프로젝트

미이그로소프트는 해저에서 데이터 센터를 운영하는 '나틱 프로젝트 Natic Project'를 추신했습니다. 북해의 사가운 바닷물에 864대의 서버가 포함된 데이터 센터를 통째로 집어넣는 프로젝트입니다. 밀집된 하드웨어가 내뿜는 열을 해저에서 식힐 수 있으며, 밀물과 썰물 차로 인한 조력발전으로 전력을 조달합니다. 이 프로젝트는 2018년 스코틀랜드 오크니 Orkney섬 인근 바다에서 실험했으며, MS는 최근 이 실험을 성공적으로 완수했다고 발표했습니다. 흰색 원통 모양 구조물에 864대의 서버를 넣어 해저 36m 시점에 설치했는데요, 육지에서 산도와 습도로 인해 서버가 부식되는 문제를 수중에서는 거의 볼 수 없었다고 합니다. 이에 따라 앞으로 해저 데이터 센터의 활용이 늘어날 것으로 보입니다. MS는 스코틀랜드 실험의 12배 규모인 상용 해저 데이터 센터 설치를 준비하고 있습니다.

FACEBOOK

페이스북 룰레오 데이터 센터

페이스북은 스웨덴 룰레오 Luleå 지역에 데이터 센터를 지었습니다. 북극권에서 100km도 떨어지지 않은 곳이라 영하 30℃이 차가운 기온 덕분에 냉각 비용을 절약할 수 있습니다. 추가로 필요한 전기 역시 인근 수력발전소에서 생산한 신재생 에너지를 공급받습니다. 이를 통해 일반 데이터 센터보다 전기를 40% 이상 절약하고 있습니다.

지금과 같은 데이터 풍요를 누리고 싶다면 다음 실천 사항을 참고하세요.

우리가 온라인에 남긴 수많은 흔적과 주고받은 내용은 차곡차곡 쌓여 빅데이터가 됩니다. 경제적 가치를 지닌 빅데이터는 지나간 작은 것 하나 놓치지 않고 점점 더 커지고 있습니다. 데이터는 바다에 휩쓸려 내려온 플라스틱병이나 일회용 비닐 쓰레기와 달리 오염을 일으켜도 눈에 보이지 않습니다. 그러니 충격적인 비주얼을 연출할 일도 없어서 지금까지 화제가 될 일도 없었지요. 이제는 엄청난 용량의 데이터를 저장하고 있는 데이터 센터에서 사용하는 전기와 그 과정이 우리에게 미치는 영향을 고려해봐야 합니다. 데이터는 기후 위기와 분명한 관계를 가지고 있으니까요. 어떻게 데이터를 사용하고 보관해야 하는지 고민이 필요한 시점입니다.

이제 줄여야 합니다. 덜 사고, 덜 먹고, 덜 버리는 데 이어 데이터 사용량까지도요. IT 기술을 축소하고 알 요금제를 쓰던 때로 돌아가자는 얘기는 아닙니다. 인터넷 사용을 좀 더 효율적으로 할 수 있지 않을까 생각해보자는 겁니다. 나아가 데이터를 모아두고 관리하는 건물의 운영에도 관심을 가지면 기업에서도 더욱 노력하겠죠?

따라 하기 쉽도록 실천 방법을 자세히 적어보았습니다.

---

1 휴면 계정 탈퇴하기

더 이상 사용하지 않는 오래된 계정이 있지 않으십니까? 회원 가입만 해두고 로그인한 지 오래되어 더 이상 비밀번호도 알기 어려운 사이트가 있다면 행정안전부가 운영하는 'e프라이버시 클린 서비스'를 이용하면 빠릅니다. 실명 확인, 성인 인증만으로 가입한 홈페이지의 내역을 통합해 조회할 수 있으며, 탈퇴를 신청하면 바로 처리됩니다. 나도 모르게 웹상에 돌아다니는 개인 정보 유출도 막고, 데이터 센터에 차지하고 있는 쓸데없는 용량도 줄일 수 있습니다.

2 메일함 비우기

클릭도 하지 않은 채 쌓여 있는 메일이나, 두 번 다시 열어보지 않을 이메일은 이제 보내줍시다. 스팸 메일함도 지나치지 말고 확인해줘야 해요. 삭제 버튼을 누른 다음, 휴지통을 비워 완전히 없애는 것도 잊지 마세요. 전 세계 이메일 사용자가 10개씩만 지워도 저장 공간 172만 5000GB가 생기는 효과가 있습니다.

3 첨부 파일만 저장하고 메일은 삭제

중요한 정보를 가지고 있는 메일이라 삭제하기 어렵다면, 해당 정보만 컴퓨터에 다운로드하세요. 메일은 서버에서 지워주시고요. 인터넷에 저장된 자료는 모두 데이터 센터의 용량을 차지하니까요.

ARE YOU SURE YOU WANT TO EMPTY THE MAILBOX?

 YES NO

안 보는 뉴스레터는 구독 취소, 영양가 없는 광고는 차단 박기

혹시 몰라 죄다 구독해둔 뉴스레터가 있다면, 꼬박꼬박 도착하지만 사실 열어보지도 않는다면, 더는 시간과 노력과 자원을 들여 당신의 편지함까지 올 필요가 없겠네요. 매번 수신하고 삭제하는 번거로운 과정 대신 구독 취소를 누르세요. 언제부터 슬금슬금 날아오는 광고 메일이 있다면 하단의 수신 거부 버튼을 눌러 차단하는 것이 데이터 절약에 도움이 됩니다.

1년에 한 번, 클라우드 정리하는 날

자유로운 연동과 가벼운 하드 드라이브 만들기를 돕는 클라우드. 저장 공간을 매번 늘리기 전에 다시 한번 생각해보세요. 언젠가 필요할 것 같다는 이유로 구닥다리 자료까지 다 가지고 있진 않나요? 옷장 정리할 때와 같은 원리입니다. 패션은 돌고 돌아 10년 뒤에 이 옷을 다시 입을 수 있을 것 같지만, 사실은 그렇지 않아요. 2년 동안 입지 않은 옷이라면 앞으로도 입을 일은 없을 것입니다. iCloud건 네이버 드라이브건 날을 잡아 쭉 훑어보세요. 2년간 한 번도 들여다보지 않은 자료라면 과감하게 삭제해도 상관없다는 것입니다. 서버상의 데이터에도 숨쉴 틈을 주세요.

기업의 데이터 센터에 관심 가지기

데이터 센터가 어떻게 운영되는지 그 원리를 알게 된 당신은 이제 관련 뉴스에 관심을 가져야 합니다. 신재생에너지를 사용한다면 어떤 방법으로 얼마만큼의 전기를 만들어내는지, 저전력 메모리를 개발했다면 효율이 얼마나 좋아진 것인지, 새로운 장소에 신설을 앞두고 있다면 지역 환경에 해를 끼치지는 않는지 눈 크게 뜨고 얘기를 들어보세요. 이 중 누군가는 친환경 껍질을 위한 쇼일지도 모르니까요. 당신과 우리 같은 일반인의 관심은 기업이 에너지 절감형 데이터 센터를 짓는 데 큰 힘이 되기도 합니다.

SOLAR POWERED ITEM

태양의 힘으로 움직이는
아웃도어 아이템

신기하고 아름다운 태양의 빛과 열

LIFESTYLE   EDITOR. Seohyung Jo / PHOTOGRAPHER. Dongjoo Son

정열의 태양 맛 샤워, Summer Shower

뜨거운 물 샤워는 단숨에 긴장을 풀어주고 기분을 전환해준다. 하루 종일 땀을 줄줄 흘리며 걸었다면, 바이크로 흙길을 신나게 달렸다면, 숲속에서 캠핑을 했다면 샤워 생각이 간절할 것이다. '서머샤워' 는 태양열을 받아 물을 데우는 도구다. 햇볕 아래 30분만 걸어두면 금세 45℃까지 물이 데워진다. 반사 패널과 인슐레이터의 이중 레이어 구조로 만들어, 따뜻해진 물 온도를 오래 유지하기까지 한다. 온도계가 내장되어 온도를 확인해가며 씻을 수도 있어 편리하다. 돌돌 말아 가방에 넣기 좋은 콤팩트한 사이즈와 무게임에도 구성은 디테일하다. 열고 닫기 쉬운 샤워기, 비누를 보관하는 포켓, 타월을 거는 벨크로 스트랩에 거울까지 야무지게 챙겼다. 20L 용량이라 길고 느긋한 샤워를 기대하기는 어렵지만, 먼지를 씻어내고 활기를 되찾기엔 충분하다. 물론 설거지나 바이크에 묻은 흙을 닦아내는 용도로도 좋다. 3만9500원. SUMMER SHOWER

마음까지 따뜻해지는 태양광 조명, Luci Candle

아웃도어 활동을 하다 보면 새삼 느끼는 게 있는데, 어둠이 깔리는 동시에 일상이 멈춘다는 것이다. 매일 전기 없이 생활해야 하는 재난 상황, 낙후 지역의 사람들에게는 식량과 의료품만큼이나 빛이 간절하다. 뉴욕에서 설립한 회사 엠파워드는 이들을 위해 태양광으로 충전해 사용하는 '루시 캔들'을 만들었다. 낮 동안 밖에 걸어놓아 충전을 하고, 해가 진 다음에는 조명으로 사용하면 된다. 오직 태양광으로만 작동하는 이 모델은 8시간이면 완전히 충전되고, 최대 12시간 동안 불을 밝힐 수 있다. 지속적으로 비용이 들고 유독성 연기를 만들어내는 등유 램프와 달리 리튬 이온 배터리에 LED 조명을 사용해 안전하고 유지 비용이 따로 들지 않는다. 밝기를 3단계로 조절할 수 있으며, 실제 촛불처럼 분위기 있게 불이 흔들리는 모드도 있어 상황에 맞춰 활용하기 좋다. 2만7900원. MPOWERD

올라운더 태양광 블루투스 스피커, ES-T83

정사각형의 올 블랙 디자인이 단정하고 믿음직스럽다. 스피커 출력장치 맞은편에 태양광 패널이 있는 'ES-T83'은 음악을 재생하는 동안에도 부지런히 충전을 한다. 아마존 사이트에는 이런 리뷰도 있다. "90% 충전한 채로 6시간 동안 음악을 들으며 도보 여행을 함. 집에 돌아와서 보니 배터리가 여전히 90%임." 블루투스가 연결되면 블루, 태양광으로 충전하고 있을 경우 그린 라이트가 표시된다. 10m 거리까지 무난하게 블루투스가 연결되며, 내장 마이크 덕에 통화도 가능하다. 유연하며 견고한 재질인 실리카겔로 만들어 높은 곳에서 떨어뜨리거나 비를 맞아도, 먼지 구덩이에서 뒹굴어도 고장이 나지 않는다. 무게도 265g으로 가벼운 편. 다만 태양광 충전이 주 에너지원은 아니다. 콘센트에 꽂아 충분히 충전해놓고, 태양광은 부가적으로 사용하길 추천한다. 3만4000원. ABFORCE

태양의 힘으로 움직이는 아웃도어 아이템

④ 더욱 강력한 루시, Luci Base

루시 캔들이 무드 등과 같은 역할이라면, '루시 베이스'는 본격적인 탐험가의 조명등이다. 300루멘의 빛을 분산하는데, 이는 일반 헤드라이트의 밝기와 같은 수준이다. 평소에는 공기를 빼 납작하게 보관해 충전하다가 사용하기 전 팽창시키면 된다. 불은 최대 50시간 동안 밝힐 수 있다. USB를 활용할 경우 완충까지 5시간, 태양광으로는 26시간이 걸린다. 버튼은 누르면 충전량이 확인되며, 급한 때는 반대로 USB를 꽂아 보소 배터니로도 활용할 수 있니. 반닉 냥신이 낸기 소닝 내진 루시를 시용한니닌, 매년 320kg의 이산화탄소를 절약할 수 있다. 루시를 만든 엠파워드는 NGO와 연계해 아프리카, 남미, 동남아시아 지역에 크기와 활용도가 다른 10 종의 루시를 기부하고 있다. 루시를 구입하는 만큼 에너지 빈곤층에 더 많은 루시가 전달되는 것이다. 6만5000원. MPOWERD

⑤ 자유자재의 태양광 서치라이트, Zoom In Camping Lights

덩치는 조금 크지만, 랜턴의 클래식한 외형이 봐줄 만하다. 게다가 하나의 기기에 랜턴과 서치라이트, 두 가지 기능을 모두 갖추었다. 뚜껑 부분을 쭉 잡아 빼면 랜턴 불이 켜지고, 아래의 스위치를 누르면 서치라이트가 켜지는 식이다. 기능에 맞춰 손잡이도 2개여서 야간 등산이나 낚시에 유용할 듯하다. 서치라이트의 전원은 한 번 누르면 백색, 두 번 누르면 청색으로 바뀌는데, 회색 손잡이를 좌우로 돌리면 불빛의 초점거리가 조절된다. 특히 파장이 짧아 액체 투과성이 좋은 청색 라이트는 물 아래를 효과적으로 비춰준다. 최대 10시간 연속으로 사용할 수 있으며, 삼각대를 설치할 수 있도록 호환 가능한 나사 구멍이 있다. '줌 인 캠핑 라이트'는 USB와 태양열 충전이 모두 가능하지만, 태양광으로 완전히 충전하려면 30시간이 걸린다. 햇볕 좋은 날, 며칠에 나눠서 충전하기를 추천한다. 1만8000원. MAREUTTIEL

⑥ 태양의 힘으로 가는 스마트 워시, Instinct Solar Surfing Edition

태양광 충전 기능을 탑재해 부제한으로 사용 가능한 스마트 워치가 있나? 태양광 충전 기술 관련 특허만 30여 개 이상 보유한 브랜드 가민의 '인스딩드 솔라 서핑 에디션'이 그 주인공이다. 서퍼를 위한 이 모델은 건강 모니터링부터 서핑 스폿의 조수 데이터를 확인하거나 파도를 탄 횟수, 가장 길게 탄 파도, 최고 속도와 이동 거리를 기록하는 것까지 전문 기능을 대거 탑재했다. GPS를 수신하면 손목에서 바로 현재 위치의 조수 데이터를 제공받을 수도 있다. 무엇보다 바다의 뜨거운 태양을 즐기는 서퍼에게 훌륭한 점은 배터리 걱정이 없다는 것이다. 100m 방수 등급에 광학 심박계를 탑재해 수중에서도 심박 수를 측정하며 파손 걱정 또한 없다. 인스팅트 솔라 에디션은 이 외에도 러닝, 사이클링, 하이킹 등 30여 가지 이상의 액티비티를 지원한다. 49만8000원. GARMIN

지속 가능한 태양열 라이터, Sun Case

매년 80억 개의 라이터가 버려진다는 사실을 알고 있는가? 무게 12g의 이 초경량 라이터 '선 케이스'는 태양열을 활용해 불을 만들 수 있는 간단하고 귀여운 제품이다. 프랑스의 친환경 미래 에너지 회사 솔라브라더가 가스나 기름 대신 태양열을 활용하기 위해 만들었다. 사용법은 다음과 같다. 날개를 태양과 수평이 되도록 펼친 다음 나무, 종이, 마른 잎, 인센스 등 불을 붙일 물건을 프레임에 2mm까지 밀어 넣는다. 프레임에 초점이 맞춰지도록 쉽게되이 금세 불이 붙는다. 빛 소니 릴디는지 확힌이더 했는데, 그긴 필효토 없이 순닉간에 연기가 피어오긴다. 대양의 칩을 기깅 긱긴긱오로 경험할 수 있는 제품이지만, 열을 저장하는 기능은 따로 갖추고 있지 않다. 해가 없을 때는 가스라이터를 활용할 수 있도록 중심부에 라이터 홀더를 마련했다. 1만9000원. SOLAR BROTHER

태양광 충전기, Solar Charger

태양광 아이템 하면 떠오르는 가장 익숙한 형태다. 지붕에 설치하는 대신, 펼쳐서 백팩이나 텐트에 매달아 사용할 수 있다. 앤커는 2009년에 구글 출신 엔지니어들이 캘리포니아에 모여 모바일 기기 충전을 고민하며 만든 브랜드다. 기존 태양광 충전기 대비 2배 이상의 효율을 지닌 선파워 패널을 사용하며, 전 세계 불량률이 0.5%에 불과하다. 완충까지 갤럭시 노트 4 기준 약 2시간, 아이패드 에어 기준 약 4시간이 소요된다. 태양광임을 감안했을 때 나쁘지 않은 속도다. '솔라 차저'는 2개 이상의 기기를 동시에 충전할 수 있으며, Power IQ 기술을 활용해 각각 최적의 전류량을 제공받아 기기에 무리가 가지 않도록 했다. 과전류나 과충전을 방지하기 위한 안전 표준 검사도 모두 거쳤다. 무게는 417g이며, 접었을 때 크기는 28×15cm, 펼쳤을 때는 67×28cm로 들고 다닐 만하다. 커버에 사용한 폴리에스테르는 아웃도어 활동에 최적화한 뛰어난 내구성을 지니고 있다. 9만9000원. ANKER

투명한 태양광 숭선 패널, Fenix 6 Solar

태양광 충전 패널이라고 하면 당연히 효과적으로 열을 흡수할 수 있는 검은색이 떠오른다. 하지만 가민의 태양광 충전 렌즈는 다르다. 투명하며, 얇고 가벼우면서 강도가 높아 마찰에도 강하다. 여기에 전도성이 우수한 재료를 얇게 가공한 멀티레이어 구조를 활용해 업계 표준 대비 5배 이상 높은 전력 변환 효율을 지녔다. 덕분에 가민의 스마트 워치는 강력한 배터리 성능을 자랑한다. 콘센트에 충전기를 연결하는 일은 어쩌다 한 번만 해도 충분할 정도다. 탐험 모드 기준, 충전 없이 한 달까지도 너끈하게 사용할 수 있다. '피닉스 6 솔라' 시리즈는 트레일 러닝, 사이클링, 하이킹, 조정, 산악자전거, 스키, 인도어 클라이밍까지 30여 가지 멀티 스포츠 앱을 지원한다. 전 세계 2000여 개 스키 리조트의 코스와 4만1000개의 골프 코스까지 내장하고 있다. 수면 모니터링 및 호흡 빈도 측정 기능까지 갖춰 건강관리도 세심하게 할 수 있다. 100만 원. GARMIN

FUN! COOL! SEXY? PLACES

아껴야 잘한다

아끼면 쩨쩨하다는 편견은 그만. 아껴야 멋있게 잘 산다.
에너지 절감, 힌트를 얻고 싶다면 들러보자. 제대로 잘하는 가게만 모았다.
펀하고, 쿨하고, 섹시한 상업 공간 9.

LIFESTYLE   EDITOR. Seohyung Jo

목표는 비전화! 광명 까치 카페

'까치 카페'의 목표는 재생에너지만으로 공간을 운영하는 것이다. 현재는 태양광 패널로 전기 일부를 충당하고 있지만, 완벽한 비전화를 향해 꾸준히 관심과 노력을 기울이고 있다. 그날이 되면 카페를 찾은 손님들도 자연스럽게 에너지 절감에서 오는 작은 불편을 기꺼이 받아들일 수 있길 기대한다. 까치 카페는 그러한 기대를 안고 다방면의 노력을 기울인다. 누구든 꺼내 읽을 수 있도록 연령대별 기후 책을 구비해두고, 우리를 둘러싼 날씨를 다시 생각해볼 수 있도록 절기 이야기를 나누는 클래스를 열고, 제로 웨이스트 미각 체험을 하기도 한다. 까치 카페에서 아이스커피를 주문하면 작은 얼음산 위에 북극곰 얼음을 띄워서 내준다.

주소	경기도 광명시 오리로619번길 32
인스타그램	@kkachi_cafe
전화번호	02-899-0022
영업시간	10시 30분~21시

지구에 덜 해롭다면 뭐든, 광주 송정마을 카페이공

'카페이공'의 메뉴엔 비건 표시 대신 '논-비건' 표시가 있다. 축산업이 기후 위기에 미치는 영향을 알게 된 뒤 기본값을 아예 두유로 설정했기 때문이다. 대표 메뉴인 말차빙수 역시 두유 얼음을 갈아 인절미와 견과류를 듬뿍 올려 만든다. 카페에선 손님에게 티슈 대신 소창 수건을 내주고, 테이크아웃 컵 대신 텀블러를 대여해주며, 금·토요일 점심에는 직접 키운 쌈 채소를 활용해 비건 식당을 연다. 이 밖에도 제로 웨이스트 숍과 세제 리필 스테이션을 함께 운영하고 있으며, 카페에서 사용하는 전기는 옥상에 설치한 2.8kWh 용량의 태양광 발전기에서 만든다. 기후 위기 시대의 키워드인 자원 순환, 제로 웨이스트, 비건과 도시 농업 등을 두루 갖춘 공간이다.

주소	광주시 광산구 송도로 257-1
인스타그램	@cafe20_2roun0gan
전화번호	062-941-7978
영업시간	10시 30분~20시, 일요일 휴무

태양과 빗물의 힘을 모아 지내는 하루, 부산 천마산 에코하우스

재생에너지를 활용한 라이프스타일이 좀처럼 상상되지 않는다면 부산의 '에코하우스'에 묵어보자. 이곳의 전력은 시간당 최대 9kWh를 생산할 수 있는 태양광발전으로 만드는데, 이는 선풍기 204대 또는 에어컨 5대를 1시간 동안 가동할 수 있는 양이다. 따뜻한 샤워는 태양열이 데운 물로 할 수 있으며, 빗물은 물탱크에 받아두었다가 텃밭에 주거나 철수하는 데 활용한다. 6인실 3동과 12인실 1동을 운영하고 있는데, 6인실 기준 숙박 요금은 10만 원이다. 코로나19 사태에 맞춰 탄력적으로 영업하고 있으니 전화로 문의해보는 건 필수다.

주소	부산시 서구 천마산로 342
홈페이지	cheonmasan-ecohouse.co.kr
전화번호	070-8917-1503

저녁 9시면 '별멍'이 시작된다, 영월 에코빌리지

영월의 '에코빌리지'에 있는 침구류는 구김살이 가 있다. 다리미 사용으로 소모되는 전기를 아끼기 위해 세탁만 깨끗이 해서 제공하는 것이다. 객실에는 TV 대신 책이 꽂혀 있고, 냉장고는 공용 공간에만 있다. 밤 9시가 되면 건물 전체의 불이 꺼진다. 그때부터 별을 바라보며 멍 때리는 '별멍' 시간이 이어진다. 에코빌리지는 처음 지을 때부터 단열이 잘되고 최대한 많은 자연광을 받아들여 에너지를 절약할 수 있게 설계했다. 거기에 태양광 패널이 전기의 일부를 보탠다. 에코빌리지에서 지낸 동안 절약한 에너지의 양이 알고 싶다면 1층의 탄소 발자국 계산기와 친환경 건축 체험관이 도움을 줄 것이다.

주소	강원도 영월군 영월읍 동강로 716
홈페이지	www.ecovil.kr
인스타그램	@ecovillage_stay
전화번호	033-375-6800

황토방에서 늘어지게 휴양, 부여 수리재 펜션

산자락 아래 황토로 지은 집이 있고, 고양이·산양·닭·강아지들이 자유롭게 돌아다닌다. 겨울엔 아궁이에서 장작을 때고, 여름엔 물가의 원두막에 누워 쉬는 것으로 냉난방을 대신한다. 물을 길어 마시고 음식을 해 먹는 일은 샘터에서 해결하고, 전자 기기 대신 주변 산책로를 걸으며 시간을 보내도록 지도를 제공한다. '수리재 펜션'에 온 김에 진득하게 쉬다 가고 싶다면 한 달 살기 예약도 가능하다. 숙박 대신 카페만 들러 정취를 느끼다 가는 사람도 있다. '수리재 카페'의 인기 메뉴는 매운 스콘. 우유와 버터 없이 우리 밀과 청양고추로 만든다.

주소	충청남도 부여군 세도면 성흥로 411
인스타그램	@surijae_buyoe
전화번호	010-3453-8017

이토록 디테일하고 품격 있는 친환경, 서울 워커힐 호텔

'워커힐 호텔'은 유행을 좋아한다. 당연히 요즘 유행인 ESG도 후딱 받아들였다. ESG의 시작은 친환경이다. 따라서 워커힐은 설비부터 바꿨다. 태양광발전 시설을 설치하고 효율 높은 냉난방 장비를 갖추었으며, 작은 것에도 세심하게 신경 썼다. 플라스틱 컵을 유리컵으로, 종이 코스터는 재사용 가능한 실리콘으로, 객실 내 비닐 포장재는 모두 옥수수 전분 재질로 교체했다. 이쯤 되어야 친환경 호텔이라 할 만할 터. 워커힐의 에너지 절감 노력은 홈페이지에 자세히 나와 있고, 묵어보면 더 잘 알 수 있다.

주소	서울시 광진구 워커힐로 177
인스타그램	@walkerhill_hotel
전화번호	02-2022-0000

책 읽기 좋은 조명·온도·습도, 원주 터득골 마을 북스테이

해발 600m 명봉산 언저리엔 책 읽기 좋은 집이 있다. 큼지막한 창으로 햇살이 쏟아지고, 여름에는 시원하며, 겨울에는 따뜻하다. 복사열로 온도를 유지하는 패시브 하우스 구조라 냉난방을 하지 않고도 쾌적하다. 귀촌 관련 서적과 명작 그림책을 모아둔 이곳은 터득골 북숍이다. 《야생초 편지》를 기획한 출판 기획자와 동화 작가 부부가 옛 지명인 '터득골'을 따서 이름을 지었다. 책방 속 카페에선 텃밭의 채소와 천연 발효 빵으로 브런치 메뉴를 만들어 판다. 앞마당에서는 시골에 집을 지으려는 사람을 위해 '건축주 되기' 강연이나 미니 콘서트가 열리기도 한다. 숲속 책방 분위기와 잘 어울리는 윈드 차임이 기념품으로 인기다.

주소	강원도 원주시 흥업면 대안로 511-42
인스타그램	@tudeukgol_bookshop
전화번호	033-762-7140
영업시간	11시~18시, 월요일 휴무

전기 시설 빠진 쇼룸, 제주 벨아벨 지구생각 작업실

제주도 방언으로 '별의별'을 뜻하는 말을 따서 작업실 이름을 지었다. '벨아벨 지구생각 작업실'은 흙과 돌을 활용해 제주 전통 초가집을 지었고, 전기 시설은 따로 설치하지 않았다. 태양열 전구만 몇 개 가져다 놓았다. 벨아벨의 온갖 작업은 이곳에서 이뤄진다. 버려진 귤 상자를 가져다 못을 제거한 다음 톱질을 하고 다시 못을 박아 뭐든 제작한다. 커다란 식탁도 만들고 귀여운 과일 바구니도 만든다. 제주스러운 업사이클링 과정을 직접 체험해보고 싶다면 전화로 먼저 예약한 후 방문해보자.

주소	제주도 서귀포시 성읍정의현로33번길 9
인스타그램	@belabel_studio
전화번호	010-7498-3579
영업시간	예약한 시간에 오픈

이렇게 높은 곳에서의 태양광발전, 창원 솔라 타워

창원 '솔라 타워'는 가보기 전에는 뭔지 알 수 없다. 멀리서는 그저 큰 배와 돛처럼만 보인다. 다가가면 건물을 번쩍이며 감싸고 있는 약 2000개의 BIPV 태양광 모듈이 있다. 솔라 타워는 태양광 모듈을 설치한 건물 중 한국에서 가장 규모가 크다. 높이 136m 중 1·2층 홍보관과 옥상 전망대는 일반인도 갈 수 있다. 홍보관에서 창원의 풍력발전, 수소 액화, 태양광발전 같은 신재생 에너지 역사를 훑고 전망대에서 바다와 전망대에서 남해안을 내려다보는 코스를 추천한다. 전망대에는 카페도 있다. 입장료는 성인 3500원.

주소	경상남도 창원시 진해구 명동로 62
전화번호	055-712-0418
영업시간	9시~20시, 매달 마지막 주 월요일 휴무

KOREA 한국 - APRIL 5

JANUARY · FEBRUARY · MARCH · APRIL · MAY · JUNE · JULY · AUGUST · SEPTEMBER · OCTOBER · NOVEMVER · DECEMBER

ENGLAND 영국 - MAY 19

   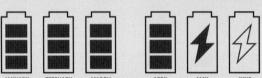

JANUARY · FEBRUARY · MARCH · APRIL · MAY · JUNE · JULY · AUGUST · SEPTEMBER · OCTOBER · NOVEMVER · DECEMBER

MEXICO 멕시코 - AUGUST 11

JANUARY · FEBRUARY · MARCH · APRIL · MAY · JUNE · JULY · AUGUST · SEPTEMBER · OCTOBER · NOVEMVER · DECEMBER

INDONESIA 인도네시아 - DECEMBER 18

     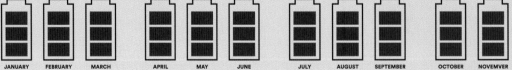

JANUARY · FEBRUARY · MARCH · APRIL · MAY · JUNE · JULY · AUGUST · SEPTEMBER · OCTOBER · NOVEMVER · DECEMBER

CONTURY OVERSHOOT DAYS
삑, 지구 잔액 부족입니다

우리는 4월 5일에 이미 올해의 지구를 다 써버렸다.

'지구 생태 용량 초과의 날 Earth Overshoot Day'이란 인류의 생태 자원 수요량이 그해에 지구가 만들 수 있는 자원의 양을 넘어서는 날을 말한다. 공정이 많이 들어간 옷을 입고, 육류 소비가 많고, 큰 주택에 거주할수록 의식주 해결에 필요한 토지 면적이 증가한다. 에너지 사용량, 타고 다니는 자동차 종류와 이동 거리, 배출하는 쓰레기도 생태 자원 수요량에 포함된다. 2021년에는 7월 29일을 시점으로 인류가 지구 하나 몫의 자원을 다 소비해버렸다. 이날이 지나면 우리는 생태적 적자 상태로 미래 인류의 자원을 가불해 사용하게 된다. 이 같은 사실은 '국제 생태발자국 네트워크 Global Footprint Network'가 1987년부터 선포해왔다. 그해 생태 용량 초과의 날은 12월 19일이었다.

산, 강, 바다가 흡수할 수 있는 양에 비해 인간이 내뿜는 이산화탄소가 더 많기 때문에 지구 생태 용량 초과의 날은 계속 앞당겨지고 있다. 코로나19로 전 세계가 봉쇄 정책을 쓰면서 2020년엔 처음으로 3주라는 날짜만큼 늦춰지기도 했다.

국가별로 보면 카타르가 2월 9일로 가장 빠르고, 인도네시아가 12월 18일로 가장 늦다. 초과하지 않은 나라는 표시되지 않는다. 우리나라는 4월 5일로 세계에서 여덟 번째로 빠르다. 이는 365일 사용할 자원을 94일 만에 모두 써버린 것으로, 세계인이 우리나라 사람처럼 생활한다면 지구 3.8개가 필요하다는 뜻이다.

ALL ABOUT
<1.5℃>
MAGAZINE

<1.5℃> 매거진 발행인 겸 소울에너지 대표 안지영

도대체 이 책은 누가 만드는 거야?

이쯤에서 소개를 해야 할 것 같네요. 우리는 <1.5°C> 매거진을 만드는 소울에너지입니다. 눈치 빠른 독자라면 소울에너지라는 이름을 통해 우리가 어떤 일을 하는지 쉽게 떠올릴 수도 있겠네요. 그렇습니다. 우리는 태양광, 풍력, 연료전지, ESS 등 신재생에너지 사업 개발부터 발전소 관리 · 운영까지 신재생에너지 사업의 전 밸류체인 Value-chain을 커버하는 토털 솔루션 제공 기업입니다. 쉽게 말해 발전소 설립부터 완공, 운영까지 그야말로 발전소 탄생과 유지의 모든 과정을 함께합니다. 우리의 역할은 사업주와 기업, 정부 등 신재생에너지 발전 사업과 관계있는 모든 고객이 필요로 하는 서비스를 제공하는 것입니다.

처음엔 고객에게 완벽한 서비스를 제공하는 일에만 몰두했습니다. 하지만 그것만으로는 무언가 중요한 걸 놓치고 있다는 생각이 들었습니다. 단순한 사업 확장 목적이 아닌 그 이상의 가치, 즉 신재생에너지 사업을 매개체로 기후 문제를 해결하고 가치 있는 일을 한다는 자부심과 선한 의지가 담긴 우리의 비전을 전달할 매체가 필요했습니다. 그렇게 탄생한 잡지가 <1.5°C> 매거진입니다.

그런데 왜 하필 1.5°C야?

사실 누군가에게는 기후 위기란 단어가 어느 먼 나라, 얼음이 녹아 집을 잃은 북극곰만의 이야기로 느껴질지 모릅니다. 하지만 조금만 더 관심을 가지고 지켜보면 기후 위기는 먹는 것, 입는 것, 자는 것, 생활 곳곳에 묻어 우리를 괴롭힙니다. 그건 단순히 불편함의 문제가 아닌 인류의 생존과도 연관되어 있습니다. 지금의 우리는 비커 안의 물이 조금씩 뜨거워지고 있다는 사실을 전혀 눈치채지 못하다가 제때 밖으로 탈출하지 못하는 개구리와 다르지 않습니다. 대부분의 사람은 비커 안의 개구리처럼 앞으로 다가올 기후 재앙을 감지하지 못한 채 살아갑니다. 그런 우리 모두에게 위기감과 경각심을 일깨우기 위해 '1.5'라는 숫자에 수복했습니다.

2015년 12월 프랑스 파리에서 열린 제21차 유엔기후변화협약을 통해 195개 국가가 지구 평균기온 상승을 1.5°C 이하로 제한하자고 합의했습니다. 1.5°C는 인류가 지켜내야 하는 지구 평균온도의 마지노선입니다. 바로 그런 사안의 시급함을 담아 1.5°C를 제호로 정했습니다. 이 직관적 숫자가 당신의 입을 통해 한 번이라도 더 불리게 된다면, 그래서 많은 사람이 1.5의 의미를 궁금해한다면 그것만으로도 우리의 목적은 달성한 것이나 다름없습니다. 그런 의미에서 한 번 더 기억해주세요. 일점오도씨!

기존의 환경 콘텐츠와 조금 다른 거 같은데?

"기후는 과학계가 일반 대중에게 제시해야 할 문제 중 지루할 확률이 가장
높다." 해양생물학자이자 영화감독인 랜디 올슨의 말입니다. 그의 얘기처럼
기후나 환경이라는 단어는 생각만 해도 하품이 나오는 교장 선생님의
훈화 말씀 같습니다. 무겁고 어려운 주제라는 것을 알기에 얼마나 옳은
이야기를 하는지보다는 어떤 태도와 방식으로 말하는지가 <1.5°C>엔
더 큰 숙제였습니다. 사람들은 '올바름'을 위해서도 움직이지만,
'멋있음'을 위해 훨씬 더 기꺼이 움직입니다. 그때 우리가 떠올린 건
스웨덴 소녀 그레타 툰베리의 표정이었습니다. 그는 국제적 약속을 어기고
파리협정을 탈퇴한 트럼프 대통령을 향해 타오르는 눈빛을 쏘아가며 적의를
드러냈죠. 강한 상대에게 주눅 들지 않고 통쾌하게 할 말을 하는 자세, 그것이
<1.5°C>가 배워야 할 멋이라고 생각합니다.
그럼에도 불구하고 여전히 환경 매거진은 재미없다는 편견이 있습니다.
그래서 우리는 독자가 닮고 싶어 하는 인물을 찾아 만나고, 그에게서 배울
만한 점을 찾고, 세계 곳곳의 아티스트를 발굴해 생활 속 영감을 끄집어내려
합니다. 약속하건대 지구를 위한다는 당위에만 호소하며 독자의 흥미를
저버리는 콘텐츠는 만들지 않을 겁니다. 우리 스스로 재미없는 기사는
앞으로도 영원히 만들지 않을 겁니다.

홈페이지를 북마크해주세요

<1.5°C> 매거진이 단지 기후 위기를 고발하는 데 그치지 않고 더 나은
방향으로 변화를 만들어가기 위해 홈페이지를 마련했습니다. 지면에서는
체험할 수 없는 특별한 경험을 준비했어요. 이곳에서 재미있게 본 기사를
SNS에 공유하고 작은 행동에 동참해주세요.
"나 하나 애쓴다고 달라지겠어?" 물론입니다. 달라집니다. 당신의 작은 행동
하나가 세상을 바꿀 수 있습니다. 생각해보세요. 정부와 기업은 우리 선택에
의해 움직이는 존재입니다. 우리의 투표를 통해 정부가 탄생하고, 우리의
소비를 통해 기업은 유지됩니다. 만약 우리가 지구를 불태우는 빌런들에게
정당한 목소리를 내기 시작한다면 어떻게 될까요? 석탄 발전에 투자하는
기업의 상품을 불매하고, 기후 위기를 말하지 않는 정치인은 퇴출하는 겁니다.
그런 작지만 정의로운 행동이 하나로 모인다고 생각해보세요. 정부를,
기업을, 문화를, 그리고 우리의 미래를 바꾸는 건 지금 오늘 여기에서 하는
실천입니다.

DO 단추를 눌러주세요

홈페이지 오른쪽 하단에 둥둥 떠다니는 빨간 단추를 누르면 지금 바로, 당신이
할 수 있는 쉽고 간단한 액티비티를 확인할 수 있습니다. "지금 우리가 누리는
것들이 2040년에도 가능할까?" 자기만의 고유한 포스터를 만들어 SNS에
올릴 수도 있고, 재치 있는 영상을 공유하며 사람들의 '좋아요'를 유발할
수도 있습니다. 또한 우리는 외부의 의미 있는 캠페인을 불러와 많은 이에게
소개합니다. 가령 플라스틱 생산 감축 계획을 갖춘 기업과 그렇지 않은 기업을
나누어 소개했습니다. 물론 신택은 소비자의 몫이지만 지어도 우리가 정교히
목소리를 냄으로써 기업이 착하게 변한다면 분명 의미 있는 일일 테니까요.
그 밖에도 당신이 생각하는 좋은 아이디어가 있다면 공유해주세요. 우리의
채널은 언제나 열려 있습니다. 당신이 이 책의 편집자가 되어 함께 이야기를
만들어준다면 더할 나위 없겠습니다.

INFOMATION	
1.5°C MAGAZINE	
홈페이지	105orless.com
전화번호	02-6251-8000
이메일	contact@105orless.com

1.5°C

N° 1

MAKE THE FUTURE FOR ALL

<1.5°C>는 환경 문제로 인한 기후 변화의
심각성을 알리고 하나뿐인 지구를
살리기 위한 방안을 모색하며 실천에 동참하는
기후 위기 대응 매거진입니다.

ISBN 979-11-982962-1-4
ISSN 2799-3795
2021년 9월 13일 초판 1쇄 발행

Website
105orless.com

Instagram
@105orless_official

Soul Energy

CEO
안지영 Jiyoung Ahn

CMO
박상도 Justin Park

COO
안지원 Jiwon Ahn

Marketer
송윤석 Yoonseok Song
윤제아 Jea Yoon
신준섭 Junseop Shin

Bold.

CEO
김치호 Chiho Ghim

Editor in Chief
최혜진 Hyejin Choi

Editors
김건태 Kuntae Kim
조서형 Seohyung Jo
김지영 Jiyeong Kim

CX Designer
김남명 Nammyung Kim

Editorial Design Dept.
Studiogomin
안서영 Seoyoung Ahn
이영하 Youngha Lee

BX Designer.
민설혜 Seolhye Min
임덕균 Duckkyun Im
안민규 Minkyu Ahn

Marketer
정혜리 Hyeri Jeong

협업 및 제휴 문의는
소울에너지 <1.5°C> 사업팀
02-6251-8000
contact@105orless.com
으로 보내주세요.

콘텐츠 관련 문의는
볼드피리어드 <1.5°C> 편집팀
02-3446-0691
ask@boldjournal.com
으로 보내주세요.

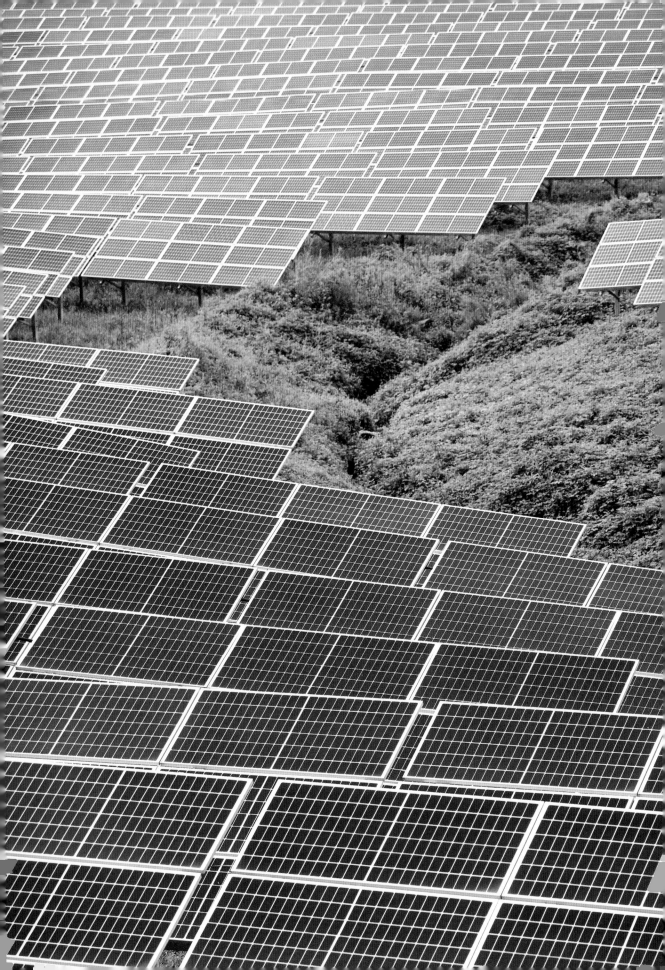